關鍵外交年代

外交年代

孫運璿英文顧問的外交進擊

仉家彪／著

珍貴照片與資料

一九四六年參加赴英學兵大隊，時年十七歲。

二〇一〇年與海軍同學聚餐。

一九六九年作者（左三）擔任海軍總部外事連絡室主任時，與時任交際科長羅育新同學（右二）及美國海軍武官合影。

作者夫婦參加前行政孫運璿院長九十大壽與孫院長伉儷合影。

一九七五年任職駐美大使館一等秘書，
在美國國會大廈前留影。

一九七六年蔣表姐在美國國會大廈合影。

一九八八年在義大利威尼斯留影。

一九八八年隨同經濟部國際貿易局蕭萬長局長夫婦訪問歐洲。

一九八○年代訪問瑞士蘇黎士市中心留影。

一九八○年代筆者與中歐貿易促進會同事郊遊合影。

一九九一年六月應邀參加英國僑胞在倫敦主持的英華經貿協會座談會。

一九九一年與妻子在歐洲合影。

一九九〇年在南京中山陵前留影。

一九九一年在重慶長江大橋留影。

一九九〇年於北京天壇。

一九八八年作者（左二）與海軍同學合影。

作者夫婦（左前一及左前二）與海軍同學赴大陸旅遊合影。

二○○六年參加海軍同學慶生宴。

二〇〇八年作者（後排右二）與海軍同學合影。

二〇〇九年中歐貿易促進會同事為作者慶祝八十大壽。

二〇一〇年作者夫婦與吳美祥同學（左一及右一）伉儷聚餐合影。

二〇一二年王懷中同學（右後二）宴請李植甫學弟（左一）的聚會合影。

二〇一六年九月作者夫婦（左一、左二）與海軍同學聚餐。

二〇〇二年與妻女在台北合影。

COPCA
CONSORCI DE PROMOCIÓ COMERCIAL DE CATALUNYA

西班牙加泰羅尼亞貿易
促進協會台北辦事處
台北市信義路五段五號
世貿大樓七樓 F-06室

TEL:886-2-7235919/20
FAX:886-2-7235921

仇先生尊鑒：

　　今早得知您即將離開秘書長一職，甚感訝異．個人對於您的決定深感惋惜，因您一直是我尊敬的長者及學習之對象；人類的關係常是很奇妙，有些人除了在專業上受到推崇外更因其做人處事的態度及其個性而受到特別的尊敬．

　　我很榮幸地告訴您，對我而言您不僅是我特別尊敬的人，更是我的楷模和尊崇的對象．而我也非常希望有一點兒像您－譬如您專業上的成功，尤其是您表現出來的謙虛，精湛的溝通協調能力，以及誠心的幫助別人，當然我也是受您幫助的人之一． 這些都不只是我所該效法，更是所有想成為一個受人尊敬的長者所應學習的．

　　我衷心地為我沒有機會能夠私下表達這些感覺而感到惋惜，但我不想因此而錯失一個表達我內心感覺的機會，因為我很高興知道在未來的日子裏，我將有機會聆聽一位對我來說是 "大師級"的演講．

　　為了所有您給予的支持及幫助，請接受我個人以及整個加泰羅尼亞貿易促進協會的誠摯感謝．

　　我不認為對您說 "祝您成功"是需要得．因為我已經很確定您往後的路途必是一帆風順，並且我非常肯定您的言行舉止無疑的會像影響我一樣在您的職業生睡裏影響更多的年輕人．

　　　祝

身體健康　　CATALONIA TRADE PROMOTION
OFFICE IN TAIPEI

Jordi Sitges i Güell
Director

HEAD OFFICE: Avgda. Diagonal, 550. pral. 1.ª - 08021 BARCELONA - Teléfono 202 14 34 - Telefax 200 76 74

家彪顧問吾兄勛鑒：本（八十二）年三月廿五日

大函敬悉。承告吾

兄本年三月底卸除中歐貿易促進會秘書長職務，專任顧問工作，感念

至深。吾

兄四十年來參與我國經濟發展工作，表現卓越，貢獻良多，尤其近十

餘年來，協助拓展我對歐關係及歐洲市場，披荊斬棘，奠定良基，乃

有今日中歐經貿合作蓬勃之發展，無任欽佩。現功成身退，而仍退而

不休，欲將我經濟發展之經驗推廣至我國大陸，期使我全國人民共享

繁榮富庶，此種宏偉胸襟，尤令人敬佩無已。國際經貿情勢多變，今

後仍祈

貢獻寶貴經驗，時惠教言，俾資增益，無任感幸。耑此奉復，順頌

時綏

弟江丙坤

丙坤用箋

敬啓　五月五日

【代序】二〇一六年春日偶感

　　冬日已過，春燕已在小樓前飛來飛去覓食，吱吱鳴聲，令人喜悅不已，我的冬日鬱悶也日漸消失中，因此打算好好地來敘述今年進入八十七歲的心態，並引用教會已故田老弟兄的詩句，自勉自勵。

　　　人生八十第三春
　　　不做三等大國民
　　　字典裡面無難字
　　　滿懷喜樂向前行

　　人老了，就會常憶往事，老友們常笑我事業上無恆心，否則必在宦途上出人頭地。謬矣！我天生無大志，中英文尚佳，因此調職都是被挖走的。老長官們雖惜才，但都念我多年來為本單位的衝刺有成，為了我更好的前途，他們都樂於割愛。所謂人之相合，貴在知心，因此一九七八年美國和我斷交後，我應行政院孫院長之召，銜命去美國連繫國會友人助我。孫院長中風轉任總統府資政，我義務為他撰寫英文函件十多年，以迄他作古為止。

一九四九年隨國軍撤退來台後，初時竟存有人間已換，天亦滄桑的感覺，每年在中秋節和舊曆年關時，更覺深刻，漸漸地也就相忘於月，相忘於年，相忘於江湖。

　　近時老同學聚餐，大家談及一九五八年金門砲戰，各自在海軍個別崗位上奮戰情形。我還記得當年砲戰初期，我在旗艦上指揮水鴨子（LVT）及登陸小艇搶灘，下卸人員、車輛及物資的情景。當砲戰進入第二階段單打雙不打的時候，有一天（雙日）我站在灘頭上西望落日在海面上慢慢地消失，退潮的沙灘升起了雲氣，內心也不禁響起了詩句：「日暮鄉關何處是，煙波江上使人愁」。然後，夜色悄悄地從四面八方籠罩過來，我心中淒然。

　　即使已經是半個世紀前的往事了，我們這一代海軍老同學們談起當年參加金門砲戰的話題，各自回憶自己的角色時，是我們眼神最亮的時候，也是最深，也可能是最淡然的時候。那是一種經過了大時代生離死別，多災多難的動盪環境裡，才有的一種「情緒式記憶的眼神」，那一種來自大江南北不同的臉，卻有著相同的一種眼神，反映著那個不知道要怎麼過，可是又得過下去的時代。

　　西方或謂中國文化不重科學精神，不求實效，總是大而化之，這大概是中國人的基本感情，或說是中國思想的精髓。都不盡然，又皆無可不可。談玄卻也十分執著於某些事物，不說別的，幾千年歷史發展，多少次失據動搖以

為從此崩衰，卻又柳暗花明如旭日東起，仍是四平八穩，永遠在世界舞台上扮演主角。

寫於二〇一六年初春

目次

珍貴照片與資料　　003

【代序】二〇一六年春日偶感　　019

第一輯　海峽兩岸關鍵年代

台灣經濟的蛻變時刻　　027

中國大陸演講之旅（一）　　034

中國大陸演講之旅（二）　　037

走過關鍵的年代　　040

第二輯　源自英美的民主變革

英吉利民族的特性　　049

自由《大憲章》與英國議會　　052

接受皇家海軍水兵訓練　　055

多變世界中的不變人物——伊莉莎白二世女王　　058

美國兩棲作戰訓練　　060

充滿希望與改革的二戰後美國　　062

台美斷交前後　　065

前白宮副總統幕僚長Richard Moe的一封信　　069

一九七〇年代的台美關係　　073

追憶美國太空先驅——參議員葛倫　077

美國共和黨智庫「傳統基金會」創辦人佛納訪台的意義　081

風雷動盪的一九七〇年代大事記　084

第三輯　中歐貿易促進會的開拓

兼具理性與感性的法國　089

諾曼第弔古戰場　092

詩人與思想家國度的德國　094

德國演講之旅　097

義大利與羅馬　100

文藝復興時期的義大利　103

出口希特勒、進口貝多芬的奧地利　105

布拉格之春　108

丹麥、瑞典與挪威之旅　111

歐盟簡介　113

【附錄】詩人歌者巴布‧狄倫　117

【讀後感】上山會打柴，下田能插秧／劉瑛　119

海峽兩岸關鍵年代

台灣經濟的蛻變時刻

1、土地改革與農業建設（一九五〇年代）

陳誠於一九五〇至一九五四年時期擔任行政院長時，積極策劃土地改革，第一階段是實施三七五減租，使佃農所得的收益，地主只能拿到百分之三十七點五，因此佃農生活改善，產生了很多「三七五新娘」的佳話。

第二階段是公地放領，就是釋放出政府或公營事業單位的土地賣給佃農。

第三階段是耕者有其田，將本來租給佃農的土地放領給佃農，佃農交地價，但分十年攤還。地主所得的補償一部分是政府債券，一部分是四個公營事業的股票，包括台灣水泥、台灣紙業、工礦公司和農林公司。這四家公營事業轉移為民營事業後，原來的地主轉變為台灣第一代大企業家，如辜振甫家族。

（二〇〇五年一月三日凌晨四時，辜振甫擺脫病魔侵襲，安詳地走完他豐富精采的九十年歲月，同年十二月二十四日，汪道涵病逝上海，辜汪兩老相繼走出人生舞台，代表著兩岸「辜汪會談」的終結。

一九八〇年筆者參加社團法人「中歐貿易促進會」工

作，擔任副秘書長職務，當時辜老是第一任理事長，有幸親聆辜老的細聲談話和他瀟灑的風采，今日追憶往事深有哲人其萎的感慨。）

2、美援時代（一九五〇至一九六五年）

一九五〇年中，韓戰爆發，美國政府開始以軍援為主，經援為輔，相輔相成。經援是提供台灣需要的物資，如黃豆、玉米、小麥等農產品，在市場賣掉之後就產生台幣，這些台幣成立一個美援相對基金，將出售所得支援軍方和民間的需要，以及經濟建設，諸如鐵路、公路等。因此，當時美援貢獻頗大，台灣外匯不夠，靠美援供應不足的外匯，以彌補出口所賺外匯不足，並維持物價的安定，使台灣經濟能夠穩定發展。

3、發展進口替代工業（一九五〇年代）

政府剛來台灣時，經濟不穩定，因此增加外匯是最重要的工作，當年出口就靠兩項東西，一項是米，一項是糖，大部分輸往日本，大抵只有一億美元左右，但台灣需要二億美元之外匯。所以就先發展進口替代的產品，以節省外匯，也就是發展進口替代的工業——肥料工廠（與

食有關），紡織（就是衣），水泥，三夾板和塑膠等產品（住與行）。

4、出口擴張（一九六〇年代）

進口替代是基於國內需要，超過國內需要時就鼓勵它外銷，這是一個漸進的轉變過程，到了一九六〇年代，出口就成為確定的目標了。一九六〇年中，立法院通過獎勵投資條例，推動民營工業發展外銷，以適應經濟的發展，當時紡織工業最值得優先發展，因為人工很便宜。因此，一九六〇年代的十年期，紡織由棉紡料轉變成人造纖維，發展很快，規模越來越大，後來再進而發展成衣業，做成的成品出口價值也更高，逐漸佔出口的第一位，紡織品則退為第二位，因成衣業可以在高樓大廈或是公寓裡製造。

5、第二次進口替代
——發展石化工業（一九七〇年代）

台灣本身市場太小，故生產任何產品，如果不考慮外銷市場，幾乎很難成功。以輕工業而言，從一九六〇年代開始，紡織業是發展最快的工業，幾乎全部都外銷，重工業方面的石油化學工業也是一樣，最後的產品大部分也是

外銷。因此，紡織業、合成纖維業成長很快，塑膠加工業的需要量也很大，大部分這些產品的原料來自石油化學工業的裂解，由石油化學中間產品提煉出來，最早靠進口石化原料，讓合成纖維紡織業、塑膠加工業廠商加工出口，累積十年後，進口原料越來越多，到達相當數量以後，就開始自行發展石化工業原料的生產。

所以一九七〇年代可稱為第二階段進口替代時期，因為第一階段（一九六〇年代）替代進口的是製成品，第二階段替代進口的是半成品。因此，台灣開始建立石化工業生產品，是要替代一九六〇年代進口的中間原料，後來台灣在一九七〇年代推動的「十大建設」中，石油化學工業也是其中的一項。此外，台灣家電業自一九七〇年代逐漸發展至一九八〇年代，擠下紡織品，躍升出口首位，直至一九九三年電機電氣產品仍佔出口比重近四分之一。

6、加工出口區——沙土變黃金

台灣經濟奇蹟的「建築師」與「科技之父」的李國鼎先生，利用一九五七年及一九六二年赴歐美開會，先後兩度參觀義大利Trieste港自由貿易區，遂決定將自由貿易區與工業區合併經營成為加工出口區，他也可以說是世界「加工出口區之父」。李國鼎先生先後出任經濟部長和財

政部長，以及主管科技發展的行政院政務委員，帶領台灣從一九五〇年代初期外匯收入只有一億美元，到一九九〇年代成為世界上外匯存底第二大國家，僅次於日本。即使因最近八年政治動盪不安，經濟成長衰退，但台灣的外匯存底仍居於世界第三大國，僅次於中國大陸和日本。

一九六六年，高雄加工出口區正式成立，由經濟部管理。加工出口區外銷產品進口原料和零組件不必納稅，區內設廠土地分大小廠區，分別規劃，省卻一般投資者尋覓廠地之勞，以及向當地政府各單位申請、登記及核准之奔跑洽公之苦。加工區內的辦公大樓由各單位集中辦公，諸凡進口原料、出口成品、報關、結匯、銀行貸款和郵電業務等，都在一棟大樓內完成辦理，非常簡便。

加工出口區設立時，僑資比外資多，從香港來的投資人比較多，韓國後來設立加工出口區時，就沒有這項優點。著名的荷蘭飛利浦是最先來台投資的外資公司之一，最多時在全台僱用一萬多名工人。目前台灣三個加工出口區設立的晶元電子公司，生產電子、電腦零配件，它在二〇〇五年的生產值已超過一千一百億新台幣了。

加工出口區除了促進台灣經濟發展之外，對於其他國家影響很大，據統計全球有二十五個以上國家仿照台灣制度，設有加工出口區，其中以中國大陸的經濟特區規模最大，最為成功，可以說是後來居上。

7、發展科學園區時代（一九八〇年代）

一九八〇年代，行政院孫運璿院長與行政院李國鼎政務委員洞察了未來資訊工業的發展前景，決心設立科學園區，事實上科學園區是仿效加工出口區，但增加一個條件，就是必須設在有足夠科技人才的地方。以新竹科學園區來說，因為有從事基礎研究的兩個大學——交通大學和清華大學，以及針對應用科學研究的工業技術院，可以彼此配合，進一步將工業園區研究單位結合，再將研究的結果、技術轉移出去，提供給工業界設廠生產。

此一階段，世界經濟空前繁榮，電子資訊蓬勃發展，許多傳統產業大企業如台塑公司、遠東紡織等集團都以豐沛的資金投入高科技產業，大批在美國工作多年的擁有高學位教授、工程師、律師、金融業人士，紛紛返回台灣發展。因此，高科技產業也自科學園區迅速擴展至台灣各地工業區，台灣家電產業至一九八〇年代擠下紡織品，躍升出口首位，然而台灣出口明星產業差不多每十年會重新洗牌一次，從加工食品、紡織成衣而至電機電器變化速度極快。

8、台灣經濟鼎盛時期（一九九〇年代）

　　隨著全球電子資訊工業蓬勃發展，家電業西進大陸生產，台灣產業在一九九〇年代經歷了前所未見的轉變，如今電機及家電產品出口已不到百分之五，取而代之的是電子資訊產業，台灣到了二〇〇〇年代初期，出口電子產品（半導體元件等）及資訊通信產品（電腦、手機、面板相關零組件），佔出口比重已升至百分之三十以上。台灣被稱為電子資訊大國，不少產品市佔率高據全球第一。

中國大陸演講之旅（一）

　　一九八七年，蔣經國總統宣布開放老兵赴大陸探親，我於一九八八年十月中返至上海與家人團聚，並於一九九〇年與當年赴英國接受皇家海軍訓練，及接收英國所贈巡洋艦「重慶號」的老同學取得聯繫，並參加了上海歐美同學會留英海軍分會的年會。離散四十多年後，當年穿著英國皇家海軍制服的中國年輕水兵，都已是年過六十的小老頭，相見時還依稀記得許多熟人，叫得出名字，但談及往事都唏噓不已。

　　當年上海歐美同學會副會長袁隨善老前輩，是在抗戰時留學英國利物浦大學攻讀造船工程，他對我很感興趣，詳細問我在台灣的經歷，並邀我次年返滬時，舉行一場演講，除留英海軍同學外，尚有歐美同學會期他會員，他們都在政府擔任公職或在教育界和企業界服務。由於當年大陸資訊閉塞，對國外的經貿發展情形缺乏全盤瞭解，因此聽眾對我演講反應熱烈。當年重慶艦老同學遍布在各省市居住，一部分同學擔任當地政協委員或常委，紛紛邀我前往各地演講，我雖已年過六十，但體力和精神尚佳，故在一九九一到一九九五年中，先後在北京及上海和十一個省

市舉行演講,或參加研討會及座談會。

由於一九四九年中共建國以後,就採取鎖國政策,因此我的演講必須首先介紹一九四九年以後世界各國經貿發展的經歷過程,以及亞洲四小龍崛起的原因和展望。我可以一口氣講演兩個小時並回答問題。有一次演講完畢接受主人邀宴時,一位年輕副教授對我笑道:「仉先生有三不——不看講稿、不喝水、不休息。」

一般大學都是指定經貿系的學生參加聽講,但是有一次我應設在石家莊的河北經貿學院之邀,在夜間演講,學生自由聽講。我記得講堂是在階梯式的大教室,不但教室滿座,窗外也站滿了學生站著聽我講演,講完後掌聲如雷,走出教室時,學生們擁擠著拿著筆記簿要我簽名,令我飄飄然。

有一年我應邀去濟南,在山東大學講演完畢後,至中國婦女幹部學校演講,一位兩眼炯炯有光的六十多歲黨委書記女士,對著女學生叮嚀道:「仉先生已經六十多歲了,風塵僕僕從台灣前來我校演講,妳們一定要好好地仔細聆聽。」她穿著藍布毛裝,白髮蒼蒼,說話時中氣十足,令我肅然起敬。當時我好奇地問她延安時代的生活與工作情形。我也告訴她我的大哥張平(去延安後改名)於抗戰開始後,就奔向延安。我於一九八八年返至上海探親時,聽家人說他於一九八六年於北京去世。這位黨委書記

告訴我曾在延安的魯迅藝術學院觀賞過張平的話劇，以及一九五〇年代演出的電影。

最後，我要順便提一下，當年我在接受大陸同學的邀請赴大陸各地演講時，特地請教外交部老友時任總統府副秘書長的戴瑞明兄，他問我當時工作的中歐貿易促進會的經費是否由國庫支付，我答以該會是社團法人，會員為各大國營事業、銀行、企業集團及各大公會，每年均繳納會費。此外，經濟部每年也由外貿推廣基金中，撥款支援。瑞明兄答告，我赴大陸演講並不違法，所以我就放膽前往大陸各省演講以及參加研討會。

二〇一一年出版我的第一本回憶錄——《血歷史》時，我也請教外交部老友曾任外交部檔案管理處長的鄧申生兄，他告訴我政府文件的機密等級在二十五年以後便自動註銷。因此我就放膽寫了《血歷史》和《誰說弱國無交》兩本書，為歷史做見證。

中國大陸演講之旅（二）

一九九三年《美國商業週刊》（Business Week）在上海舉辦一場大型的研討會，我應邀主講開幕儀式後的第一場：「World Economy,China and Asian Competiveness」。我還記得當時我特別以少年時在英國皇家海軍受訓時學得的英國腔英語，緩慢地、抑揚頓挫地朗讀我寫的講稿，居然效果奇佳。演講結束在熱烈掌聲中，當時坐在第一排的上海市是徐匡迪市長及前外交部長黃華從第一排站起來走向左側台階，迎接我從台下走下來，緊緊地與我握手，一霎那兩岸中國人的熱血透過溫暖的手掌交流了起來，那一刻是我生命中的顛峰。

爾後，我在上海的親戚與「重慶艦」的老友告訴我，他們都在當日電視上看到我演講的風采。他們說一向知道我的英文很好，但未想到我竟在經貿方面如此專業，我告訴他們我曾在經濟部擔任部長英文秘書兩年，並兼任國際貿易局顧問多年，因此常須向歐美國家來台訪問的經貿官員及議員做簡報，介紹台灣的經貿發展過程；可說是逼得我現學現賣，而且還賣到上海來了。

一九九三年，時任河北省政協委員的重慶艦老友黃旭

東同學安排我在石家莊河北財經學院演講，校方曾安排一日旅遊附近的文化和風景區，路途中間經過一座東西向綿延的山脈，我詢問陪伴我的青年助教，知道是太行山。一霎那間我覺得浪漫極了，因為當年外交才子喬冠華和外交部龔澎司長是在太行山打游擊時相知相愛而結婚。遺憾的是龔澎在文革時代遭受鬥爭而健康受到影響，以至英年早逝。爾後喬冠華再婚，娶了時任毛澤東英文翻譯的章含之女士，造成喬冠華與子女的關係破裂。喬冠華故世後，章含之將他葬於蘇州。

一九七一年我在交通部觀光局擔任主任秘書，十月中國際觀光組織在土耳其首都安卡拉舉行大會，我隨同曹嶽維局長前往參加，在會期結束前的十月二十六日，突然聽到傳聞，中共已在聯合國大會中通過成為會員國，取代我們在聯合國的席位。爾後在電視上看到喬冠華在聯合國大會上開懷大笑的得意模樣，令我傷感不已。

一九九一年參加上海歐美同學會留英海軍分會時，在上海政協大會堂對歐美同學會作國際經貿專題演講，開始了我在大陸的演講，一九九二年五月，大連黃杰同學安排我在東北財經大學及大連理工大學演講；同年十月應邀在上海復旦大學演講，迄一九九五年為止，我已在上海市、北京市及天津市，江蘇，浙江、安徽、福建、廣東、湖北、四川、山東、河南、河北及遼寧等十一省大學院校、

政協、外經貿等單位講演、座談會及研討會約七、八十次，聽講人員粗估有萬人左右。

我能在大陸經濟發展啟蒙時期，略盡棉薄之力，乃是我人生最大的榮事，也是我畢生學習及工作經驗累積之智慧，發揮到淋漓極致的程度。此期間閻啟泰同學安排南京大學、黃旭東同學安排河北財經學院及經貿學院、武定國同學安排遼寧大學、李岳同學安排安徽大學及中國科技大學、張振東同學安排在山東大學及中國婦女幹部學校、劉一江同學安排在廣州中山大學及廣州市政府、常州裴爵三同學安排在市政府、張前修同學安排在山東棗莊等處演講。

二〇〇八年五月十五日，我應上海歐美同學會留英海軍分會之邀，在紀念「重慶艦」歸國六十週年的大會中，主講「台灣的過去、現在及未來」作為我在人生中最後的一次演講。

走過關鍵的年代

　　民國三十八年（一九四九年）元月中，共軍已接近青島外圍縣市，情況緊急，故在一九四九年元月中，我就讀海軍軍官學校教職員學生七百多人搭乘兩艘中字號登陸艦撤離青島遷往廈門，爾後共軍渡過長江後，京、滬等地相繼失守，海軍官校再度撤退至台灣高雄市左營海軍基地。

　　當時軍公教人員及眷屬二百萬人自大陸遷居台灣，幸而台灣稻米生產足夠八百萬軍民之外，尚有餘糧出口。當時吳國禎是台灣省主席，在財政極度困難之下，調節金融和經濟政策，使額外增加的二百萬軍、公、教人員衣食無虞。雖然因政治鬥爭，吳國禎於一九五三年中辭台灣省政府主席，離台赴美定居，但他早期對穩定台灣的貢獻是不可否定的。

　　陳誠於一九五〇至一九五四年出任行政院長時，積極策劃農地改革，第一階段是實施三七五減租、公地放領、耕者有其田。知名學者南方朔認為，台灣農地改革是將整個巨大的農業服務系統，包括農會、農田水利會、信用推廣部等同時重建起來，而不僅僅是重新分配土地權力，他說：「台灣農地改革是全世界少有成功的案例。」。

　　而一九五〇年代到一九八〇年代，台灣走過了最關鍵的年代，記錄如下：

一、一九五〇到一九六〇年代

1.一九五三年到一九五九年，「以農業培養工業，以工業發展農業」。身兼經濟部長、中央信託局局長、工業委員會召集人等三大職務，一九五〇年代穩定台灣經濟的關鍵人物——尹仲容（本名尹國墉），以「結束赤貧的年代」為己任。曾指派王永慶，接手美援協助建立的PVC塑膠工業，這個決定造就了現在的台塑王國。

2.一九五八年，台灣開始發展出口外銷產業。一九五九至一九七三年，台灣的經濟發展政策轉為「出口擴張」方針。

3.一九六〇年初，為了因應美援停止，通過「獎勵投資條例」來爭取外商來台投資，台灣因此成為美、日兩國的加工業基地。台灣開始由農轉工，屬於勞力密集的中小企業如雨後春筍般成立。一九六五年，國民平均所得突破二百美元大關。

4.一九六六年，高雄成立了全世界第一個加工出口區（舊名「高雄加工出口區」，現名為「加工出口區高雄園區」），帶動外商投資大幅增加，也吸引許多國家前來觀摩學習。當時的中小企業群們，不畏環

境條件艱難的打拼，帶動外銷貿易，也帶動台灣經濟起飛。

5. 一九六八年，由原本的六年國教，延長為九年國民義務教育，提高臺灣人民教育水準，為台灣打下了良好的人才資源基礎，也為一九七〇年代臺灣經濟起飛時埋下日後人才蓬勃壯大的種子。

當時的年代，在台大有傅斯年，在中研院有胡適，更有數不清的知識分子在一九四九年後一一深根到台灣，為台灣的文化及學術注入新的氣象，帶來新的啟發。

二、一九七〇到一九八〇年代

一九七〇年代開始，台灣經歷了最動盪多變的二十年。首先，蔣經國在美期間險遭暗殺、二次的全球能源危機、一九七一年台灣退出聯合國，緊接著經歷台日斷交、台美斷交，台灣的國際地位降到谷底。而台灣內部有中壢事件、美麗島事件等重大事件的發生，導致長久以來的國民黨威權體制出現破裂，進而促使台灣解嚴。

1. 一九七二年，蔣經國出任行政院長，美國總統尼克森訪問中國大陸。

2. 一九七三年年六月，美國停止對台灣無償軍援。
   一九七三年十月，經歷第一次「全球能源危機」，全球石油價格飆漲、物資短缺，導致各國嚴重通貨

膨脹，深深打擊台灣經濟。一九七三年年底，蔣經國提出「十大建設」，以發展運輸、電力等基本設施來創造國內內需，六項交通運輸建設，三項重工業建設，一項能源項目建設，並推動產業轉型，中鋼、中船、中石化也陸續一一成立。

4.一九七三年，當時的經濟部長孫運璿推動將原本經濟部所屬的聯合工業研究所、聯合礦業研究所、金屬工業研究所三所合併，成立「（財團法人）工業技術研究院」（即工研院前身）。開始發展「半導體」產業，成為開創台灣半導體產業的先鋒。

5.一九七六年，政府與美國無線電公司（RCA，Radio Corporation of America）簽約合作，派遣多批青年工程師赴美受訓，包括曹興誠、史欽泰、曾繁城、楊丁元等人，後來都成為科技業的領袖人物。這一年，另一位台灣電子業大老闆於彰化鹿港出生，畢業於交大，沒於當時出國深造風氣盛行的年代出國的施振榮，與邰中和、林家和、黃少華、葉紫華等人聯合創辦宏碁電腦公司（即日後的「Acre」）。創立三十年後的今天，宏碁已成為全球第二大筆記型電腦公司，更是台灣的自有品牌。

6.一九七八年三月，蔣經國當選中華民國第六任總統。該年十二月十六日，美國總統卡特宣布與中國

大陸建交，與台灣斷交，掀起一波的移民潮，許多人紛紛避走海外。十二月二十七日晚上，美國卡特政府派出的中（台）美關係諮商代表團，在國務院副國務卿克里斯多福率領下，抵達松山軍用機場。在當局默許下，克里斯多福與末任美國駐台大使安克志的座車，在台北市街上遭到群眾以雞蛋攻擊。一九七九年元月，中山北路美軍協防台灣司令部、信義路上的美軍顧問團、美國大使館，終於降下一面面在台灣飄揚了三十年的星條旗。

7.一九七九年，因產油國伊朗先爆發伊斯蘭革命，而後伊朗和伊拉克爆發兩伊戰爭，第二次全球能源危機因而產生，政府財政出現赤字，鼓勵民間投資。該年在行政院政務委員李國鼎建議成立財團法人資訊工業策進會（簡稱資策會），推動電腦資訊和資訊教育。一九八〇年底，台灣設立了第一個科學園區──新竹科學工業園區，聯電、台積電等電子大廠紛紛成立，成就日後「台灣矽谷」美名。台灣開始從原本的勞動密集，走向資本密集和技術密集型產業。這一年，國民平均所得終於突破二千美元大關。

8.一九八〇年代，許多西方國家開始對台灣進步飛快的經濟有「台灣奇蹟」，「亞洲四小龍」之一的稱讚出現。

9.一九八六年九二十八日教師節，民進黨成立，於臺
　北市圓山大飯店舉行黨外後援會推薦大會。隔年七
　月十五日，蔣經國宣布解除戒嚴令，台灣終於真正
　取得自由組黨、結社、辦報的權利。解嚴後，蔣經
　國某日於在總統府茶敘時說：「我在台灣已經住了
　四十年了，我也是台灣人了。」解嚴後三個半月，
　蔣經國宣布：「榮民弟兄可以探親的名義返回大陸
　老家。」政府以人道理由開放大陸探親。全台近
　四十萬的榮民外省老兵，終於可以正大光明的回家
　了。而兩岸也在中斷交流近四十年之後，開始新的
　交流。

10.一九八○年代末期，蔣經國的身體健康狀況每日愈
　下。中於，在一九八七年十月十日國慶日，蔣經國
　坐在輪椅上最後一次公開露臉，用虛弱沙啞的嗓音
　說著：「中華民國一定要復興啊！」致詞不到五分
　鐘隨即被護衛推進總統府內。一九八八年元月十三
　日，蔣經國病逝，蔣家王朝正式結束，李登輝依憲
　法繼任總統。

　蔣經國時代的告終，台灣結束「軟性威權」時代，進
入了「開放時代。」這一年，台灣國民所得從光復初期不
到的二百美元，累增到了五千八百二十九美元。

（參考資料：吳錦勳《台灣，請聽我說》，
2009，天下文化）

....

源自英美的民主變革

英吉利民族的特性

一九四五年（民國三十四年）八月中，日本宣布投降，中國經過了八年的艱苦抗戰，終於贏得勝利，我隨同在南京就讀的國立第一臨時中學同學，考取了海軍赴英學兵大隊，爾後在上海接受入伍訓練，並於年底搭乘英國運輸艦「澳大利亞號」赴英國接受水兵訓練，並接收「重慶號」巡洋艦及「靈甫艦」護航驅逐艦。

當時我們是在英格蘭西南部的普利茅斯軍港中退役的戰鬥艦「榮譽號」，接受半年的水兵基本訓練，由於中國是二次大戰勝利中，中美英蘇四大強國之一，因此我們這批二十歲上下的年輕中國水兵，深受當地人民的歡迎。

當年英國因在二次世界大戰中遭受納粹德國的密集轟炸，損失巨大，爾後又與美軍在法國諾曼地登陸，與德軍交戰，因此戰後經濟蕭條，仍須繼續戰時的配給制度；並因大戰中官兵損耗甚巨，戰後又與美、蘇兩國共同派遣佔領軍，駐紮在德國主要城市。因此，城市中的商店均為女性，僅經理一人為中年男性，我們中國水兵偶爾會走進糕餅店東張西望，並以手指點要購買的點心，當女店員要我們付配給券時，我們佯裝聽不懂，捧著肚子說：「hungry，hungry」，女店員心腸很軟，會乘著經理忙於

雜務時，偷偷將糕點賣給我們，令我們至為感動。

　　一九四七年四月中的復活節假期，我們第一次享受一個星期的長假，由於是第一次離開訓練基地，艦方安排我們分成小組至指定的渡假基地，並由一位住於該地的英國士官，帶領我們搭火車至該地，安排住進青年會，並約定在假期最後一天來青年會帶我們返至普利茅斯軍港。爾後的暑期長假和聖誕長假，都依我們的志願，發給我們火車票自由前往。

　　當時艦方安排我們六個中國水兵去英國南部海濱勝地——伯恩茅斯渡假，由於該市首次見到穿著英國水兵制服的年輕中國水兵，非常驚奇地對著我們笑容招呼。此外，該地市長還以下午茶接待我們，並攝影留念。當年的六個水兵中，黃森寶現住舊金山，孫國楨住在大連。

　　二次大戰是在一九三九年九月一日德軍入侵波蘭開始，英國和法國對德宣戰，英軍迅速進入法國與法軍聯合對抗銳利的德軍，然而德軍的優勢空軍及重型坦克很快就擊敗英法聯軍；接著法國投降，英軍節節敗退至法國與比利時接壤的海港敦扣克集中，準備撤回英國。當時英王及全國人民都在家中或前往教堂整夜禱告，英吉利海峽各港口的商輪、漁船及遊船都應政府號召，自動駛往法國敦扣克海港，不顧德軍的轟炸，奮勇前往撤退英軍往返無數次，終於將二十萬英軍撤回英國，保住了抵抗德軍侵入英

倫的軍力，當時不但振奮了英國人民的士氣，也增加了其
他被佔領國家人民的希望。

二次大戰期間，英國全國皆兵，家家戶戶都有父兄
子弟或丈夫從軍，超過兵役年齡的男子都服自衛役，夜間
持槍輪流在海邊崗哨或重要路衝站崗，許多年輕女性都
參加婦女輔助隊，或農村輔助隊，派往農村中協助缺乏男
丁的農家下田耕種。此外，因早期德軍在各大城是濫施轟
炸，英國政府為保護幼苗，將城市兒童疏散至鄉鎮安全地
區，送往寄養家庭或托兒所。英國人對軍人由衷地敬愛
和照顧，非任何國家人民可以比擬。當年全國各地青年會
（Y.M.C.A.）都改為軍人招待所，每個主要城市設有設備
完全的三軍俱樂部及水手之家等，許多婦女志工參加服
務，笑臉迎人，讓離家遊子暫釋鄉愁。

我自一九八○年參加對歐經貿推動工作十三年中，曾
訪問英國七、八次，接觸面擴及經貿官員、國會議員以及
工商界人士，對英國人有更深入的認識。一般人認為英國
人驕傲、冷漠、勢利及階級觀念甚重，我只感覺這些形容
詞只適合從前英國上層社會，一般英國人很是友善，種族
歧視遠低於美國社會。事實上階級觀念自戰後迄今幾乎消
失，隨著殖民地的消失和兩次世界大戰的洗禮，英國社會
中堅已是中產階級。特別是放寬移民方面，目前有數百萬
的南亞和非洲前殖民地的移民已在英國定居和歸化。

自由《大憲章》與英國議會

　　西元一二一五年六月十五日，英格蘭一些貴族和教士冒著生命的危險，迫使國王簽署了《大憲章》，它的基本原則是——法律必須高於某個人的獨裁統治，也就是說「王在法下」。

　　《大憲章》所包含的民主精神種子，在後來的歲月裡萌發、成長、壯大，大約六百年之後，中產階級得以和平、民主地取代貴族寡頭在國會裡的統治地位。再後來，工人階級也得以打破有產階級對國會的壟斷，而取得了自己的一席地位，英國民主政治的發展命運就在這裡被註定了。

　　當然最重要的還在於《大憲章》建立了法律至高無上的地位，對各個階層的權利和義務都做了規定。是《大憲章》開始造就了「生而自由」的英國人，這是《大憲章》的赫赫偉績，也是英國人自由權利觀念不同於其他民族之所在。

　　總之，《大憲章》使國王也受到法律的約束，這是前所未有的事情，《大憲章》對於控制權力進行限制這一基本原則，經歷了數百年的風雨，在一二一五年的封建背景消失很久以後，上升到顯要的地位。隨著時間的流逝，

《大憲章》成為永久的見證,證明了社會控制的權力並不是至高無上的,西方契約或封建習俗中長期存在的法律至上的基本思想,通過《大憲章》昇華為一種學說。在後來的各個時代,當國家由於權力膨脹,企圖踐踏人民的自由與權利時,人民就是根據這種學說,一次又一次地發出自己的呼聲,而且每次都取得勝利。

目前,此一寫在羊皮紙上的《大憲章》陳列在倫敦大英博物館裡。

我曾參觀過英國議會的下議院,其建築格局也頗為獨特,寬寬的長方形會議廳,議員們在兩邊階梯式座位一排排相向而坐。一邊是執政黨,另一邊是反對黨,執政黨一邊前排就座的是首相和內閣大臣,反對黨前座議員則為影子內閣。但是兩方的前座議員,座位近得幾乎一拳就可以打到對方的鼻子,當時我不免想到台灣的立法院常吵架及打架之事,如果也像英國議會布置一樣,雙方一言不合就撲向對方打起群架來的景況。我竟不自禁的笑起來,令其他參觀人員驚訝側視。

英吉利民族曾長期生活在一個嚴峻的國際環境中,他們在古代屢遭入侵,近代又先後與西班牙、荷蘭、法國等頻頻交戰,這使她掌握了一套在國際力量之間周旋,在其夾縫中生存的智慧,所以人們看到英國人特別會耍外交手腕。早在其國際霸主地位遠未確定之前,他們就習慣好分

化國際敵對勢力。當年處女女王伊莉莎白一世終身未嫁，其中就含有這種分化策略的因素。在她執政的早期，當時歐洲強國首先是西班牙和法國，他們一旦握手言和，對英國是十分不利的。因此女王決定利用這兩國王室的求婚者，她並不明確給任何一位求婚者以答覆，對兩者都採取若即若離的態度，和他們分別保持友好的夥伴關係，這樣做有效地防止了他們之間互相締結同盟。實際上有二十四年之久，聰名的英格蘭女王一直把向她求婚的君主們玩弄於股掌之上。後來英國國力增強也成功地使這些國家不能相互結盟，從而先後各個擊破，奠定了自己的優勢地位。

接受皇家海軍水兵訓練

一九四六年二月，我與南京國立第一臨時中學十多人，投筆從戎，考進海軍赴英學兵大隊，送往上海虹口區的原日軍兵營，接受海軍初步訓練，並於同年十一月搭乘英國澳大利亞號皇后號運輸艦赴英國接受皇家海軍訓練。

該時，二次世界大戰才結束一年餘，英國海外駐軍開始復員，海運及陸運都很繁忙，主要的火車站都設有軍方的鐵道運輸處（RTO），駐有士官多人及婦女志願服務隊，在火車站照顧登車、下車或換車的軍人，親切招呼慰問，並提供熱茶點心。我們六百多名中國海軍官兵，坐的是一列專車，載運我們去英國最大的普列茅斯海軍軍港（Plymouth）。列車在中途Bristol大站停車休息，並由RTO士官及志願服務人員招呼我們下車，進用熱茶和點心，讓初抵異國的我們，從心中感到一陣暖意，也第一次覺得作為一員軍人的被尊重，在七十年後的今年回想起來，仍有溫馨的感覺。

抵達普列茅斯後，我們登上了在軍港中戰功輝煌的（H. M. S. Renown）「榮譽號」戰鬥巡洋艦，該艦有三萬噸左右，曾參加第一次大戰及第二次大戰，現被用作訓練

艦，專門訓練中國海軍。英國海軍的入伍訓練一開始就在艦上，我們早晨起來的第一件事就是撩起褲管，赤著腳在零度左右的冷風中沖洗甲板，每個人都冷得發抖。

入伍訓練約有半年，包括船藝、通信、槍砲、輪機等基本常識，一方面從書本上學習，一方面在艦上各部門實際操練，非常具體，也非常有效。我們的入伍訓練大約半年左右，然後舉行考試和性向測驗，以及填寫專科志願，依成績和性向分派專科訓練。我的志願是魚雷，而且被選上，於五月初與十多位同學被送去位於泰晤士河出口附近的柴塘（Chatham）軍營的魚雷學校受訓。

柴塘受訓約三個月，然後返至「榮譽號」訓練艦，參加日常工作，大概是一九四七年的九月中，我被挑選為魚雷隊四人先遣部隊之一員，去普茲茅斯英國第二大軍港在船塢中大修的H. M. S. Aurora巡洋艦，參與修護工作。

一九四八年初，Aurora巡洋艦大修完成了，由船塢移靠碼頭，不久後「重慶號」官兵六百三十一名登艦，另中國海軍官兵一百六十七名分發至另一艘小型租借艦「靈甫號」，這是一艘護航驅逐艦。經過一段整理工作後，兩艦實施八週之組合訓練，先是港內操演，繼之是近海巡弋和實彈射擊訓練，及夜間全科綜合操演等。經過八週艱苦訓練後，準備正式接艦回國。

一九四八年五月十九日舉行「重慶號」與「靈甫號」

交接典禮，由我國駐英大使鄭天賜博士親臨主持，兩艦旋於五月二十六日啟程返國。航行經過直布羅陀、馬爾他、蘇伊士運河、紅海、亞丁、可倫坡、馬六甲海峽、新加坡、香港。一九四八年八月十三日駛抵吳淞口，兩艦返國航程總計七千六百一十四海浬，歷經八十天方抵上海。

　　回首前塵，我覺得非常幸運有機會經歷了英國皇家海軍三大基地——普列茅斯、柴塘和普茲茅斯的訓練。因此，海峽兩岸的前「前重慶號」與「靈甫號」的水兵們，非常、非常珍惜當年的英倫歲月。

多變世界中的不變人物
——伊莉莎白二世女王

　　英國女王伊莉莎白二世在今年四月二十一日迎接九十大壽，英國舉國歡慶。她在去年的九月九日已超越維多利亞女王，以在位六十三年又七個月，成為英國王位最久的君主。

　　一九四七年十一月二十日，她與英國皇家海軍上尉希臘菲利浦王子結婚，當時我年十八歲，在英國接受皇家海軍的水兵訓練，我在電影院的新聞片中，欣賞到二十世紀最華麗和輝煌的結婚大典，她和菲利浦上尉可稱是俊男美女。

　　伊莉莎白二世是溫莎王朝第四代君主，她的父親喬治六世是英王喬治五世的次子，若不是因為她的伯父愛德華八世國王只愛美人不愛江山，堅持娶美國離婚婦女辛普森夫人而遜位，伊莉莎白的父親不會成為英王，她也不會在十歲那年被封為女王儲，並因父親早逝，在二十五歲就繼承王權，從此伊莉莎白公主成為英國女王。

　　伊莉莎白二世在位六十四年以來，經歷了十二位首相，見證了柏林圍牆的興建和倒塌，但是維多利亞女王時代的日不落龐大帝國，在她統治期間，屬地也所剩無幾，

英國世界第一強權的地位宣告結束。

　　歷史學家威廉斯說，伊莉莎白二世統治期間是英國和世局變劃最劇烈的時期，但她卻是「多變世界中的一個不變的人物」，而且愈來愈受民眾愛戴，除了與時並進，傾聽民意外，最重要的是她深諳「統而不治」的藝術，並且知道如何迴避政治爭議，讓自己永遠居於「高於政治」的地位。

美國兩棲作戰訓練

　　筆者於一九五二年自海軍軍官學校四十一年班畢業，派在一艘中型登陸艦「美宏號」擔任槍砲官，一九五三年冬天，我考取了留美兩棲作戰訓練，赴美國設在加州南部聖地亞哥的兩棲基地接受訓練。

　　由於兩棲作戰是陸、海、空軍聯合作戰，我們是第二批學員，計有海軍校級軍官兩人、陸軍校官兩人、海軍陸戰隊校官兩人、空軍校官兩人、海軍尉級軍官七人，共計十五人。抵達聖地亞哥兩棲基地後，與第一批赴美受訓同學會合，其中佼佼者海軍官校三十六年班劉和謙學長，後來在海軍中歷練晉升為海軍總司令，嗣後再出任國防部參謀總長。

　　我們在開始受訓時，全體參加兩棲作戰基本課程兩週，分科訓練時，我和高我一班的余時俊學長接受各型登陸小艇駕駛及搶灘、救難等訓練。早晨八時出海操作，中午搶灘在灘頭午餐，下午繼續操作至四時才能回港，備極辛勞。當時由一位海軍上士班長教導，如遇風浪大時，湧上沙灘的激浪很高，我們因新手常被打橫衝上沙灘退不下來，此時即由岸上待命的救難車架，駛入激浪洶湧的沙

灘，用巨型吊車將登陸小艇吊起來，再駛上灘頭，救我們出險。回想當年為了訓練我們兩個中國海軍少尉，美國海軍必須出動全套海上和沙灘上的救難設備，和七、八位海軍人員，外加救護車一輛待命，這種認真的態度和氣魄，令我們衷心敬佩，也拚命學習。

　　當時，我們和年輕美國軍官同住一個宿舍，同在軍官餐廳進餐，自然也產生了友誼；由於我們年齡相近，都是第一次接觸盟國軍官，所以彼此時常交談自己的興趣。我愛好古典音樂，因此常在晚間至一位美國同學房間欣賞歌劇及唱片，他會向我解釋義大利歌劇的唱腔及普契尼的作品，如《蝴蝶夫人》及《杜蘭朵公主》，令我進入了欣賞及愛好歌劇的殿堂。

充滿希望與改革的二戰後美國

　　一九六五年秋，我奉調設在華府的「行政院駐美採購團軍資組」工作，當年因待遇菲薄，除主管外，都不准攜眷赴任。我因為從小就喜歡閱讀中外文學及歷史，所以在華府三年期間，就讀馬里蘭大學夜間部自由選課，勤讀不綴，平均每學期選修兩門課共計六個學分，每週兩晚上課，每次三個小時，同學都是白天工作約三十歲左右的各行各業人士，大家都非常用功。我選修了英文寫作、美國史、美國政府、比較政府、歐洲史等大學本科的課程，扎扎實實地為自己奠定了英文寫作的根基，以及深入美國政治及歷史的研究，從此不但擴張了我的視野，更幫助我大膽走向往後人生各階段的辛苦而曲折的歷程。

　　一九六〇年代初期是美國在二次大戰後，最充滿希望與改革的年代，代表新世代的約翰・甘迺迪當選總統，時年四十三歲，為美國有史以來最年輕的總統。一九六三年六月，美國黑人民權運動領袖馬丁路德・金恩牧師在華府林肯紀念堂台階上發表了著名的〈我有一個夢想〉（I Have a Dream）演講，他以感性和抑揚頓挫的聲調，向美國人民呼籲，黑人在憲法上與白人一樣能保證擁有「生命、自

由、追求幸福」的權利。金恩牧師並在演說中途向美國聽眾連續呼喊，提出七、八次的「我有一個夢想」的感人肺腑的不同主題，令人聲淚俱下，並使萬人群眾激奮如狂，跟著呼喊。故在一九六四年，憑著魄力與政治手腕，詹森總統在美國國會推動並通過了著名的「民權法案」，在法律上消除了美國的種族歧視和種族隔離。令人痛心的是甘迺迪總統於一九六三年遇刺身亡，一九六八年馬丁路德‧金恩博士也遭槍殺身亡；迄今為止，美國仍是文明國家中唯一公開買賣槍枝的國家，實在是匪夷所思。

一九六〇年代後期，美國年輕人因為反越戰，演進為反政府和反傳統，甚至高喊：「你不可以信任任何三十歲以上的人。」著名的加州柏克萊大學開啟了罷課、示威及包圍學校辦公大樓等激烈學生運動，不久就似野火般地蔓延至全國大學。華盛頓則是學生萬人包圍五角大廈國防部，要求停止越戰；其中許多嬉皮高舉著「We make love, not war」（我們做愛，但不要戰爭）的標語牌，大聲喊口號和唱反戰民歌。當時英國披頭四的搖滾樂曲盛行，走在馬路上常看見長髮及穿著披頭四服裝的年輕人。

對我個人而言，一九六五至一九六八年是我在華盛頓工作及馬里蘭州立大學夜讀選修文史課程的勤讀期間。在美國工作三年及苦讀三年，我已經融入了美國社會，認識了世界也認識了自由和民主的真諦，開啟了我獨立思考的

空間，以及探討未來的生命旅程的發展。

回憶當年在夜校用功讀書的時光，我仍然記得一位六十歲左右的女教師，詩情畫意地對我們說道：「In each of us, there was a poet who died young」（在我們每一個人的心靈深處都曾是一個早夭的詩人）。她也曾生動地介紹在哈佛大學教課的George Santayana教授，有一天在講課時，見到下午的斜陽飄進教室，突然有所悟地對學生說：「I have an appointment with the afternoon sunshine」（我與午後陽光有約），就飄然而去，再也未有返來。爾後，他成為美國著名的大哲學家。

嗣後，我在進修第二年的英文與作文時，某一天一位曾擔任過陸軍上尉的教授對著全班同學言道：「昨天晚上，我要我妻子聆聽我們班上一位同學的文章時，她聽了流下眼淚，現在我要對大家朗誦這篇文章。」當他開始唸第一段時，我嚇一跳，因為這是我寫的文章。

驀然回首，想到當年的這段令人感動的故事，那已是半個世紀的事了。往事值得回味啊！

台美斷交前後

一九七三年冬，我奉調外交部北美司擔任專門委員，並於一九七四年派至華盛頓駐美大使館擔任一等秘書，有趣的是我未曾經過外交特考，但我已是具有文官簡任七級的公務員。因此我的職稱很是特別，我收到的派令是：「本部專門委員派駐美大使館服務，以一等秘書對外」。爾後我常開玩笑言道，我的職稱之長可能是前無古人，後無來者。

當時，駐美大使館設立國會組，由我的老長官胡旭光公使擔任組長。他負責與國會參、眾議員的連繫，我則擔任與國會助理的連繫工作，以爭取美國國會對中華民國的支持，可謂任重道遠，乃是一項新的挑戰。

美國國會參議員辦公室幕僚人員約三十多人，眾議員幕僚約十多人，其中重要幕僚是行政助理（相當於我國的辦公室主任）和機要女秘書，他們都是議員的親信人物；其次是立法助理和一般助理，所以我的工作目標是行政助哩，機要女秘書和首席立法助理。

擔任國會連絡工作兩年後，我終於打進民主黨自由派議員助理的圈子。一九七六年夏天，民主黨全國代表大會

在紐約市麥迪遜廣場花園舉行，推舉「卡特」為民主黨總統候選人，我在美國國會民主黨的友人建議我應去紐約活動，加強和民主黨自由派人士的連繫，於是我向胡公使及沈大使呈報並前往紐約活動。當時我在車上載了半打威士忌酒，開車去紐約並住在麥迪遜花園廣場對面的「廣場大飯店」（Plaza Hotel）。每天下午四時左右在飯店附近店鋪買一打啤酒及一包冰塊，就在房間內招待國會民主黨友人，人多時有十多人，大家坐在床上或地毯飲酒聊天。飯店也很合作，特應我之請送來十多只水晶雞尾酒杯及啤酒杯，因此我又結交了更多的民主黨人士和增強了我已經認識的民主黨國會人士的友誼。

　　一九七八年十二月十六日，美國總統「卡特」宣布美國承認中國人民共和國，並與中華民國斷交，同時廢除「中（台）美共同防禦條約」。但是美國國會親中華民國人士非常不滿卡特的做法，於一九七九年初尋求替代方案，四月十日參、眾兩院通過「台灣關係法」。民主黨和共和黨人士一面倒的支持這項法案。眾議院以三百三十九票對五十票通過，參議院則是八十五票對四票。

　　「台灣關係法」有兩個作用──試圖保證美國對台灣的軍事協助會繼續下去；與台灣的外交連繫，則維持一種高規格但表面上並不正式的高度。國會要求美國提供台灣的防禦性武器，無論質與量「必須讓台灣足以自保」。為

了維持與台北的實質關係，該法還規定必須在台灣設立一個美國機構，除了名稱之外，功能與大使館完全相同。

美國與中華民國斷交後，雖然令中華民國人民感到沮喪，但是也促使台灣政府與人民認清國際現實，再接再厲，將全部精力集中於經濟發展，高科技的突破，以及政治走向完全民主化的境界。因此，台灣在一九八〇年代成為亞洲四小龍之首，外匯存底為世界第二，僅次於日本。

卡特出任總統後，許多民主黨自由派國會助理紛紛出任政治任命的各部會司長和副司長，他們依舊和我保持友好連繫。當時我雖然已經自外交部退休，但仍應老長官之請，我以平民身分赴美協助當時在華府談判的特使楊西崑次長，拜會與我有交情的參、眾兩院議員及國會助理。但因楊次長在大使館宣稱仇家彪是向行政院孫院長自動請纓來美幫忙，也引起老長官和老同事的反感，因此我的心情很壞，

當時，我的國會好友Sally A. Shelton女士，已任命為國務院副助理國務卿，她與另一位在國務院擔任特別助理的猶太裔女士，邀我午宴敘舊。但在餐聚中我拜託她們有機會時，幫助一下中華民國，豈料那位猶太女士變臉對我言道：「C. P.你已自外交界退休，作為一個平民向美國國務院官員遊說是違法的。」當時我生氣極了，站起來對Sally說：「Please forgive me for leaving」，立刻揮袖而去，離

開餐廳，令鄰桌的美國人士大為驚訝。

　　然而，也有一些轉入美國行政部門的國會助理友人向我表示，他們從我當年對國會工作的活動情境，學到了如何應對國會人士的監督和批評，令我很是高興。

　　如今，美國與美國人已不如當年那麼神氣，和老朋友們聚談時事，有人批評美國時，我會不自禁地為美國辯護一番。因此，我已被友人歸類為親美派，妙哉！

前白宮副總統幕僚長
Richard Moe的一封信

　　一九七七年二月初，我在駐美大使館擔任國會組一等秘書時，突然接到多位國會友人電告，他們收到一份自稱「台灣人權和文化協會」的緊急記者招待會邀請函，控訴我政府綁架由美國返台的異議人士王幸南之事。當時我立即查詢此案之有關資料，此協會設在美國，指派王幸南以炸彈包裹寄給台灣省主席謝東閔，導致他左臂受傷殘廢，被警方捕獲起訴，一切依照法律程序處理。

　　當時，我撰寫了一封信致我的好友白宮副總統幕僚長Richard Moe，詳告我政府政在依法處理中。我特別提出，台灣的異議份子正以美國為基地，策劃及執行恐怖活動。當他們被警政單位捕獲時，就會抓住機會，在美國媒體攻擊台灣政府非法逮捕、侵犯人權。此外，我也將此信影印數十份，寄給美國國會人員參考。

　　Richard Moe立即回信表示，他已交代國務院查詢此案，國務院也已函覆說明此案已交聯邦調查局（FBI）處理。他向我保證美國政府痛恨恐怖行動，並會採取適當措施去阻擋國際恐怖主義的擴散。當時，我也將他的覆信影

印數十份，寄給向我電話關心此案的國會人士。

筆者謹將寫給Richard Moe的信及他的覆信列於此文之後，為歷史做見證。

Embassy of the Republic of China
2311 Massachusetts Avenue, N.W.
Washington, D.C. 20008

February 3, 1977

Mr. Richard Moe
Chief of Staff to the Vice President
The White House
Washington, D.C. 20500

Dear Dick:

Recently, I have received several copies of an "urgent press conference invitation" released by a so-called "Taiwaness Rights and Culture Association" from my friends in Congress who wanted to know the truth about the alleged kidnapping of a Mr. Hsing-nan Wang by my government.

To straighten the facts, I am sending you as enclosed a copy of the "press conference invitation" and a copy of news release from Taipei for your perusal. If you have any more doubt, please check the State Department for confirmation.

The real victim of this case, my friend, is our beloved Governor Hsieh of the Taiwan Provincial Government whose left hand was blown off by a letter bomb engineered and mailed by Wang who was convicted, through due process of law, for his taking terrorist action against the government officials.

The terrorist group, organized abroad, has engaged in activities against its own country from the shelter of a foreign land--the United States. And whenever their terrorist or subversive activities were uncovered and thence arrests were made, they would grasp such opportunity to discredit my government by launching an organized and massive media campaign in the name of "human right."

The terrorists will strike again in the future and their organization in the U.S. will continue to poison the American public with their ungrounded venomed attack on my government. As our two nations are progressing through a very difficult period in our history, I urge you to help us explaining to Vice President Mondale the true nature of this case.

Sincerely,

C. P. Chang
First Secretary

作者給白宮副總統幕僚長Richard Moe的信函。

OFFICE OF THE VICE PRESIDENT

WASHINGTON

February 24, 1977

Mr. C. P. Chang
First Secretary
Embassy of the Republic of China
2311 Massachusetts Avenue, Northwest
Washington, D.C. 20008

Dear ~~Mr. Chang:~~ C. P.

  I wanted to thank you for your letter regarding Mr. Wang Hsing-nan and the incident which resulted in injury to Governor Hsieh.

  In response to my inquiries, the Department of State has informed me that the Federal Bureau of Investigation is looking into the charges that individuals in the United States were involved in the parcel bomb case.

  I want to assure you that the Administration deplores terrorists acts such as the one that injured Governor Hsieh and that we are determined to take every appropriate step to halt the spread of international terrorism.

Sincerely,

Richard Moe
Chief of Staff

Richard Moe回覆作者的信函。

一九七○年代的台美關係

　　一九七○年，行政院副院長蔣經國正式訪問美國，在與尼克森和季辛吉的晤談中，蔣經國已意識到美國對台關係將有改變。離開華盛頓後，他轉往紐約，要出席一場演講會，當他進入飯店時，兩名來自台灣的中國人朝他開槍，差點擊中他的頭部。

　　蔣經國在一九七二年成為台灣的行政院長，蔣介石總統於一九七五年四月逝世，三年後，一九七八年三月，蔣經國當選為中華民國總統。一九八四年連任總統。一九八七年蔣經國提出解除戒嚴，並由立法院一致通過解除戒嚴。一九八八年元月，政府取消報禁，並開放台灣居民赴大陸探親。一九八八年元月十二日蔣經國逝世。一九八八年元月二十七日，李登輝被選為過渡時期的代理總統及國民黨主席。

　　一九七二年尼克森訪問中國大陸，雙方確立了「上海公報」，公報清楚說明：「美國認知，在台灣海峽兩邊的所有中國人都認為只有一個中國，台灣是中國的一部分，美國政府對這一立場不提出異議。它重申它對由中國人自己和平解決台灣問題的關心。」

值得注意的是，中國大陸版本的「上海公報」將「認知」翻譯為「承認」。

尼克森訪問中國的立即後果，就是雙方在對方的首都設立連絡辦事處，美國仍承認在台北的中華民國為中國的政府，並將大使館設在台北。尼克森此舉旨在避免引發美國國內嚴重的政治反彈，準備在連任總統後再考慮此事，但此事在一九七四年中，由於水門案與尼克森的被迫辭職而中斷。

同時期，台灣遭受了另一次嚴重的打擊。一九七一年十月，台灣在經過多年奮戰後，失去了聯合國的代表席次，為了保住在美國的力量和影響力，台北開闢兩條戰線，首先是動員台灣文化、科學及工商界，加強鞏固與美國各州各大城市相對機構已經建立的友誼，尋求他們對台灣的支持；其次是駐美大使館和全美十五個領事館（遠超過任何其他國家），全力爭取聯邦參、眾議員和各州州議員對台灣的支持。因此中（台）美關係在風雨飄搖中，得以繼續維持。

一九七六年當選總統的吉米・卡特對台灣政府和國民黨一直具有成見，卡特後來在回憶錄中寫道：「台灣在華府的影響力非常大，台灣的說客們似乎很有能力塑造美國在遠東的基本政策。一九七六年，在打贏幾場初選後，我開始了解他們的影響力有多大，我在喬治亞州平原鎮故

鄉的親戚與鄰居開始受到台北方面的邀請，前往訪問及渡假，然後催促他們來影響我，我阻止親近的家人接受這種招待，損害了我跟家鄉某些朋友的關係。」

卡特對台灣政府的鄙視在字裡行間表露無遺，但是對中國大陸外交關係正常化一事，他不得不偷偷進行，因為美國對台灣的支持者不斷發聲，譴責完全承認北京政權的承諾。一九七八年，美國新聞與世界報導做了一次公開民調，其結果頗能代表當時幾個類似的意見調查，百分之五十八的受訪者反對放棄台北，承認北京為中國政府的做法，只有百分之二十支持此一改變，剩下的百分之二十二沒有意見。

一九七八年十二月十六日晚，美國駐台北大使安克志奉命要求在清晨兩點半會晤蔣經國總統，告知美國即將在一九七九年元月一日與北京建交，並撤銷對台北的承認及廢除與台灣的共同防禦條約，消息本身並不會令人意外，但美國方面傳達的方式令台灣人民憤怒。

但在美國群眾與國會方面，有非常多人不滿卡特的做法。一九七九年初，國會開始尋求替代方案，四月十日，參、眾兩院通過《台灣關係法》，兩大黨都一面倒的支持這項法案，眾議院以三百三十九票對五十票通過，參議院則是八十五票對四票。

《台灣關係法》有兩個作用：試圖保證美國對台灣的

軍事協防會繼續下去，與台灣的外交連繫則維持一種高規格但表面上並不正式的高度。國會要求，美國供給台灣的防禦性武器，無論質與量，「必須讓台灣足以自保」。至於什麼是必要的，而什麼是適合的？必須由政府當局和國會共同決定。這件事意義深遠，要或不要給予台灣某些幫助，並不由總統（例如：卡特）的一時興起來決定，因為他可能對台灣不關心；中國大陸對台灣的任何威脅，總統都立即通知國會，而且此事一旦發生，美國將採取適當措施以保護台灣的安全。為了維持與台北的外交關係，該法還規定必須在台灣設立一個美國機構，除了名稱之外，功能與大使館完全相同。

回顧一九七〇年代，中華民國台灣經過了驚濤駭浪的洗禮，靠的是蔣經國先生的「莊敬自強、處變不驚」的訓示，以及經濟部孫運璿部長主導創建半導體和其他高科技工業，使台灣成為僅次於日本的亞洲高科技國家，令世界各國為之矚目。

筆者有幸於一九七〇年代任職於政府機構，歷任經濟部顧問、交通部觀光局秘書、外交部北美司專門委員以及駐美大使館國會組一等秘書、參事，親身經歷了這一波驚濤駭浪的衝擊過程，今日回首前塵，猶有餘悸。

追憶美國太空先驅
——參議員葛倫

　　二〇一六年十二月十日《聯合報》刊載第一個在太空環繞地球的美國人，約翰‧葛倫（John Glenn）於二〇一六年十二月八日在俄亥俄家鄉去世，享年九十五歲，令筆者回憶起一九七四年至一九七八年在華盛頓駐美大使館工作的時代。

　　約翰‧葛倫在參議員服務二十四年，成為俄亥俄州歷來任期最久的參議員，他也是極力倡導禁止核子擴散的核武專家。不過，他最重要成就還是成為美國終極的獨特太空英雄。

　　二〇一二年頒給葛倫美國文人最高榮譽「總統自由勳章」的歐巴馬總統說，葛倫一九六二年發射升空時，全國的希望也隨他上升，而他的去世，使美國失去了標竿人物，一九九八年他搭乘「發現號」太空梭重返太空，在太空整整停留了九天，相形之下，他在一九六二年環繞地球三圈，不到五小時就返回地球，一九九九年他從參議院退休。

　　葛倫屬於民主黨自由派，但無此派人士的驕傲及歧視

中華民國，他的立法助理Roy Werner更是筆者的知交。筆者於一九七八年春，自請調返台北辦理退休時，曾寫信給葛倫議員辭行，謹將他和Roy Werner的惜別信附於此文址後作為紀念。

UNITED STATES SENATE
WASHINGTON, D.C. 20510

JOHN GLENN
OHIO

March 2, 1978

Dear C. P.:

It is with regret that I learn of your coming
retirement from the Foreign Service. You have been
an excellent representative of your government, and
you have done an outstanding job of furthering the
positions and interests of the Republic of China.

You have been of great assistance to me and
my staff in working with the issues affecting our
countries, and you will certainly be missed. I
hope we have an opportunity to see each other in
the future.

Best of luck on your new endeavor. I am con-
fident you will do well.

Best regards.

Sincerely,

John Glenn
United States Senator

Mr. C. P. Chang
Counselor
Embassy of the Republic of China
2311 Massachusetts Avenue, Northwest
Washington, D. C. 20008

美國參議員John Glenn給作者的惜別信。

United States Senate

COMMITTEE ON FOREIGN RELATIONS

WASHINGTON, D.C. 20510

March 8, 1978

P E R S O N A L

Mr. C. P. Chang
Counselor, Embassy of
 the Republic of China
2311 Massachusetts Avenue, N. W.
Washington, D. C. 20008

Dear C. P.:

On the eve of your retirement from the Foreign Service, I simply wanted to add my personal appreciation for your assistance during the last few years and wish you the very best of luck in your new career. I can think of no other representative of a government who has so ably presented his nation's case in the Halls of Congress.

I have found my contact with you to be both informative and enjoyable -- one cannot ask for more than that combination. Your skills are such that one can easily imagine you as an official of the T'ang Dynasty. I shall certainly miss your prompt, incisive answers to my queries and your willingness to teach me as we speculated upon possible scenarios regarding diplomatic events in East Asia.

If I can be of assistance to you or your family in the future, please do not hesitate to call on me. Likewise, I trust that simply because you are starting a second career, this does not mean we shall not see one another in the future.

With all best wishes,

Cordially yours,

Roy A. Werner
Professional Staff Member

John Glenn的助理Roy Werner給作者的惜別信。

美國共和黨智庫「傳統基金會」創辦人佛納訪台的意義

　　蔡英文總統於二〇一六年十一月二日和美國總統當選人川普進行了約長達十分種的越洋電話，成為了自一九七八年美國與中華民國斷交以來，第一位和美國總統直接進行電話對談的總統。而美國共和黨保守派智庫「傳統基金會」創辦人及會長佛納，被外界點名是促成蔡英文與川普對談的中間人。

　　佛納是川普的選舉顧問，並在二〇一六年十月間來台拜會過蔡英文總統，他們倆先後畢業於倫敦政經學院，因是學長與學妹的關係，故相晤甚歡，而且在台灣報紙上公布他們倆的合照，引起大家的注意。

　　一九七四年至一九七八年，筆者在華府駐美大使館國會組擔任一等秘書及參事時，就與佛納建立了良好的友誼。那時他三十多歲，年輕瀟灑，可說是一個小帥哥。當年我也曾邀請他及其幕僚來家中晚餐，佛納對於我燒的紅燒牛肉及茄汁明蝦讚賞不已。據報載，他今年七十五歲，看到此間報紙登載她的照片，頭髮已白與半禿，但看起來他仍是一個老帥哥。

一九七八年三月筆者自請調返台北辦理退休時，曾函告美國友人辭行，並感謝他們四年來對我的友誼與協助，佛納即時復函惜別，謹將他的來函附於此文之後作為紀念。

The Heritage Foundation

A tax-exempt public policy research foundation

March 10, 1978

Mr. C. P. Chang
Vice President
Chung Hwa Boat Building Co., Ltd.
8th Floor, No. 27, Pao Ching Road
Taipei, Taiwan
Republic of China

Dear C.P.:

I am sorry that I was unable to participate in the going away party for you on March 7. As you know, I have been traveling extensively throughout the country telling the story of The Heritage Foundation.

However, I am delighted to have your address in Taipei and, believe me, when I am over in late August, I will certainly let you know in advance so that we can get together.

All the best to you and your family and I look forward to seeing you in the near future.

Sincerely,

Edwin J. Feulner, Jr.
President

EJF/kr

「傳統基金會」創辦人佛納給作者的復函。

風雷動盪的一九七〇年代大事記

一九七〇年四月，蔣經國在美國紐約市險遭反政府人士暗殺。

一九七一年六月，美日宣布將琉球（含釣魚台）交還日本，台灣各大學學生發起示威遊行，是謂保釣運動。

一九七一年七月，美國國務卿季辛吉密訪北京。

一九七一年十月，中華民國退出聯合國。

一九七二年，美國總統尼克森訪問中國大陸，並簽署「上海公報」。

一九七二年六月，蔣經國擔任行政院長。

一九七二年九月，中（台）日斷交。

一九七三年十月，全球第一次能源危機。

一九七三年十二月，蔣經國提出「十大建設計劃」，發展重工業及運輸與電力基礎設施。

一九七四年，政府發展半導體工業。

一九七五年元月，蔣介石去世，嚴家淦繼任總統，蔣經國就任國民黨主席。

一九七六年，蔣經國接班後，台灣逐漸由「硬性威權」，轉變為「軟性威權」。

一九七七年，美國國會眾議院舉行台灣人權聽政會。

一九七八年十二月十五日，美國總統卡特宣布美國承認中華人民共和國，並與中華民國（台）斷交。

一九七九年四月，美國國會通過《台灣關係法》。

第三輯

中歐貿易促進會的開拓

兼具理性與感性的法國

法國著名的歷史學家、政治家托克維爾在其《舊制與革命》一書中，就曾為自己的民族下了這樣的斷語：「一個固守原則，本性難移的民族，以致從兩三千年前畫的圖像中還能把它辨認出來；同時又是一個想法和愛好變化無窮的民族，最後變得連它自己也感到意外。」

五千多萬來源複雜的民族構合，綿延千年的歷史文化沉積，多種民族要素的匯合撞擊，固然是造成法蘭西民族智慧形象紛繁深厚、龐雜的原因；但探其究竟，最為根本的還是在於這片土地上生活著豐富多采多姿的人——他們的思維方式和內心情感。

由此，我們找到了理性和感性這兩個既無法界定，又無向度的量，交叉構築了一個社會心理學的座標體系。上至有血有肉的路易十四、拿破崙、伏爾泰和莫內，下到無影無形的一般民眾，從政客到士兵，從男人到女人，真實的、虛幻的、崇高的和庸俗的，無一不透露出法蘭西智慧的某一側面。

西元八四三年，查理曼大帝的三個孫子在一幅地圖上畫來畫去，畫出一個凡爾登條約，把查理曼大帝國一分

為三，法蘭西的疆域遂基本奠定下來。隨著法蘭西的國勢日益強大，其精神文化、制度風俗成為整個歐洲文明的基礎。路易十四時代，「普天之下，莫非法土」的觀念更是深入人心。

伏爾泰曾說：「假如上帝不存在，我們就創造一個。人活著，總是要尋找一個支柱，來支撐內心的平衡；總要尋求一種寄託，來寄寓自己的理想與信念。」拿破崙便是法國人創造出來又一個上帝，他的神話成為多少年來支撐法國民族精神與自豪感的擎天巨柱。

十八世紀的法國，人稱啟蒙時代、理性時代，但若說它是一個女性時代，也毫不為過。法國人的女性崇拜癖，早在騎士時代開始萌芽。作為一個騎士，他所必須具備的基本禮儀就是如何在一個女人面前表現得像個文明的理性紳士。

沙龍是法國男人表現他們多情善感和欣賞女性美的最佳去處。而這一時期的貴婦，優雅的談吐、大方的舉止、對文學藝術的愛好，使她們在那些文化菁英面前毫不遜色，甚至可令其甘拜下風。十八世紀的貴婦人無私地張開她們溫暖博大的羽翼，庇護那些落魄的文人才子，用一個母性特有的關懷，來使他們重新體味愛的慰藉，無論這種愛是母愛還是情懷，或者兩種兼而有之。

「我首先是人，其次才是女人！」這是西蒙・波娃

在她的《第二性》中所發出的吶喊；而她的一生也實踐自己作為一個人，而不是一個女人，更不是男人的妻子的誓言。她同保羅・沙特同居數十年，卻始終不曾結婚。一位文壇女將與一位哲學巨人，構成了二十世紀法國最為浪漫的一對戀人。

諾曼第弔古戰場

　　筆者自一九八○年至一九九三年在半官方的社團法人「中歐貿易促進會」工作時，平均每一年會在春季及秋季赴歐洲各國，訪問當地的工商社團及政府中的經貿官員，介紹台灣在世界貿易中扮演的角色，以及提供優惠條件吸引外人在台投資製造業，擴張其在亞洲市場。除了英國以外，我最喜歡的是法國，因為法國人好客，待人親切，並富幽默感。此外，法國的建築無論是在城市或是鄉間，都具有一種美麗的風格。尤其是巴黎，可以說是全球最美麗的城市。香榭麗舍大道則是全球最美麗的大道，而兩旁的人行道上布滿了咖啡座，和精緻的商店。我和同伴也像巴黎人一樣曾坐在座位上兩個小時，望著遠處的凱旋門，更遠一點的巴黎鐵塔，回頭眺望協和廣場攜攘的人群。當然，最有看頭的是巴黎人了，法國女人的服裝和身材都是相當吸睛的，但是男人多半是胖子，大概葡萄酒喝多了。

　　巴黎有很多博物館，但最著名的羅浮宮不僅是法國的藝術寶庫，而且是法國人古典精神追求對稱平衡的建築傑作。綿延三個世紀的歷史沉澱，早已使羅浮宮和它的收藏品成為藝術與美的化身，深深地浸透在每個法國人的意識

之中。然而到了二十世紀一九八〇年代，一位美籍華裔建築大師貝聿銘卻敢在太歲頭上動土，他用一個中國人特有的和諧自然觀和美國人的現代精神，來揉合法國人古典式的浪漫和莊嚴，在小凱旋門兩面，他設計了一座高二十米的玻璃金字塔，作為羅浮宮地下出入口。

　　第二次大戰的後期，英美聯軍在法國西部諾曼第登陸，德軍也在此地區建築了強大的防禦設施，因此，戰爭的激烈程度、雙方死傷之重，可以說是打破了紀錄。爾後在一九八〇年代，好萊塢拍攝了一部規模龐大的戰爭電影《D-day, June Sixth》，中文翻譯為《六月六日斷腸時》。我於一九八〇年代訪問法國時，曾專程去諾曼第弔古戰場。美軍陣亡將士墓正好建立在當年盟軍登陸的主要灘頭歐瑪哈沙灘上面一個山崗上，墓地整理得如公園，一共有一百七十二畝地，葬在裡面的軍人，墓碑全是用白色大理石雕成，目前裡面葬有九千名官兵，以及三百零七位無名陣亡將士之墓。當時，我見到許多白髮蒼蒼的美國老頭兒，由陪伴的子孫扶持，默默地摸著墓碑，追憶當年陣亡的戰友們，令我唏噓不已。

詩人與思想家國度的德國

德國位於歐洲的最中心，周圍有九個鄰國，是全歐洲鄰國最多的國家；北承丹麥，東臨波蘭、捷克，南接奧地利、瑞士，西臨法國、盧森堡、比利時及荷蘭。與其他歐洲國家（如：義大利、西班牙、英國……等）不同的是，德國並沒有多少天然國界，僅有北部的波羅的海和延展在西南部的萊茵河作為天然界線。

德國領土在歐洲是一個領土範圍巨大的國家，在歐盟二十八個國家中名列第三，但其土地資源卻非常豐富，德國全國人口八千二百萬，乃是一個人口密度相當高的國家，在歐洲名列第三，僅次於荷蘭和比利時。

可以說，在所有西方大國中，就數德國的歷史最為動盪，它長期處於分裂之中，難以統一。但是，德國於一八七一年方才立國，這個歐洲大陸民族國家姍姍來遲者，卻在極短的時間爆出巨大的能量。德意志的歷史令人著迷，這個土地養育了燦如繁星的英才，如音樂家巴哈、貝多芬、布拉姆斯、華格納，哲學家康德、黑格爾、叔本華、尼采，乃至馬克思。同時在這片土地上還誕生了愛因斯坦、歌德、席勒、湯瑪斯曼、赫曼等聲名卓著的人物。

因此，德國被譽為「詩人與思想家的國度」，理性與激情是這個民族最顯著的性格特點。

西元前二世紀末，定居在白德蘭的日耳曼部落侵入地中海文化區域，直接與羅馬人對峙。西元前一世紀中期，大批日耳曼人從腹地出發來到萊茵河邊，與羅馬帝國不斷發生軍事衝突。經過漫長的戰爭，日耳曼人最終定居於萊茵河以東、多瑙河以北和北海之間的廣大地區。

中世紀的歐洲，天主教會是最有勢力的封建集團。羅馬大主教擁有龐大的教階機構和巨大的地產，他們任意擴大什一稅的徵收範圍，出賣教職，無所不為。十六世紀初，德意志是教皇搜括的主要對象，橫徵暴斂。教宗在德意志擁有的土地佔全德土地面積的三分之一。從一五一七年起，德意志爆發了一場全民族性的宗教改革運動，其倡導者是馬丁・路德。他對教會的抨擊，在很大程度上不是公開信奉異端，而是強調個人與上帝之間的精神關係，強調「因信得救」的主張，正是當時西歐資產階級平等思想的反映。

馬丁・路德的影響是極為巨大的，他的許多作品都具有廣泛的影響。他最重要的著作之一是《聖經》的德譯本。這無疑會使任何識字的人都有可能親自學習《聖經》，而不須依賴教會及其教士們。因此，他不僅改變了基督教，也改變了整個西方文明，儘管這一切的工作並非

僅僅是他一個人做的。路德對歷史做出的最大貢獻不在政治方面，而是宗教上。他就像是一個起點，一道曙光！從他開始，基督教的信仰根基開始回到《聖經》當中。因此，他的勇敢，為後世新教的發展，以及對《聖經》原則正確的闡釋和堅持，都產生了十分重要的作用。直至今日，新教的任何經典描述都必定是這些核心真理的回聲。

然而，宗教改革運動蛻化為新教與舊教的糾紛，信奉新教的諸侯和信奉舊教的諸侯在宗教糾紛掩飾下，爭奪地盤；由於歐洲列強介入新教與舊教兩大集團的紛爭，終於導致了三十年宗教戰爭。這場戰爭使德意志損失了三分之一的人口、三百多座城市、兩千多個村莊毀於一旦。

恩格斯指出，三十年戰爭所導致的嚴重後果，「使德國有二百年不見於政治積極的歐洲國家之列」。直到十八世紀末十九世紀初，在外力的作用下，德意志才重又進入歐洲資本主義發展的軌道。這個外力就是法國大革命和拿破崙戰爭。

德國演講之旅

一九八〇年代，我常因公赴歐洲訪問或參加會議，因此，經常飛往德國法蘭克福轉機，由於好萊塢拍攝的電影《學生王子》的背景在海德堡，我有機會搭火車去該地，欣賞海德堡的風光和啤酒屋。二次大戰後期，美軍密集轟炸德國主要城市，海德堡因屬文化重鎮，故未轟炸，保持了十九世紀建築的風貌。

當年我的海軍官校同班同學陳鐵官兄擔任交通部觀光局駐法蘭克福辦事處長，他曾開車載我沿萊茵河欣賞美麗風光。我注意到在公路的右側是不高的山坡，面對陽光，種植著密集的葡萄樹，因此德國的葡萄酒也頗有名，品質僅次於法國。

德國南部的巴伐利亞首府慕尼黑，是德國的第三大城，僅次於柏林和漢堡，這個人文薈萃之都近臨雄偉壯麗的阿爾卑斯山和風光明媚的河泊、為數可觀的博物館，以及各種音樂、戲劇活動，使慕尼黑得以躋身國際文化大都會的條件，這兒還有全德國最大的慕尼黑大學。

希特勒就是在慕尼黑發跡的，他生於奧地利，從德國國家社會主義工人黨的一名普通黨員，一躍而為黨主

席。一九三八年，德、英、法、義四國在慕尼黑簽訂「慕尼黑協定」，允許德國併吞捷克西部蘇台德區，開始了第二次世界大戰的戰端，然而大戰卻給這個城市帶來空前的浩劫。七十次空襲，幾乎將慕尼黑夷為平地。奇妙的是一九八〇年代，我因公訪問德國，特去慕尼黑遊覽，不到四十年的時間，慕尼黑已看不到戰爭的摧毀殘跡，不得不令我敬佩德意志民族的效率。

德國北部的漢堡是一個重要的城市和港口，它通過易北河出海，直達北海。早在十一世紀，遠洋漁民就從漢堡出航，深入北海捕魚，從十七世紀開始，歐洲的原料輸往殖民地，這對漢堡商人而言極為有利，這個時期，繁榮的商業對德國知識分子和文化生活的發展具有莫大的貢獻。一九一三年漢堡乃成為世界第三大港，僅次於紐約和倫敦。

漢堡在第二次世界大戰期間成為盟軍轟炸目標，不但使得市容損毀甚鉅，而且人口損失不輕，現今每年進入漢堡的一萬五千艘貨輪，使漢堡成為德國第一大港。記得是一九八〇年代，我和台北理律法律事務所蔣德郎律師去法蘭克福參加一項台灣投資研討會，會後去西班牙第二大城巴薩洛納舉行同樣的研討會。我還記得經濟部駐漢堡的代表邱一徹兄打電話給我，懇切邀我倆去給漢堡的三十多位台商演講，介紹歐洲共同市場的發展過程。因此，我在法蘭克福結束研討會後，立即趕往漢堡，次日早上，我和蔣

律師拖著行李箱趕至會場。我主講歐洲共同市場，蔣律師主講有關投資法令，並答覆問題，令台商非常滿意。我還記得結束後，邱一徹兄和外交部駐漢堡代表，拉著我們的行李，帶領我和蔣律師跑步至邱兄停泊的汽車，送我們至機場，他們兩位的熱誠令我感動萬分。

義大利與羅馬

　　古羅馬的成立，據說是在西元前一千年左右，它經歷初期的王政時期，在西元前五百年左右改為共和政體，一直到西元前四十四年由凱撒大帝導入獨裁制度而產生的帝政羅馬時期為止，羅馬軍團地位可說是世界最強。共和時代初期，軍隊體系是採「全民皆兵」。當時，羅馬軍隊的服役期間，基本上是六年，完成兵役後，就回歸市民生活，但也有部分人士會志願留在軍隊裡。

　　數百年間，羅馬共和時代的軍事體制變得越來越完善。但在羅馬的統治領土變得極大後，遠征過於操勞以及不想派駐在邊境地帶的志願兵急劇減少。為此共和政體末期，便實施大規模軍隊改革。

　　西元前四世紀左右，義大利半島大部分成為羅馬的統治範圍。此時，位於羅馬西方高盧的塞爾特人勢力，入侵了羅馬的統治地區。相對於已有軍隊組織的羅馬，塞爾特人是會砍下敵人首級的蠻族。往後一百年期間，塞爾特人不斷侵入，羅馬軍隊積極展開領地保衛戰，但在西元前二八五年，羅馬軍隊吃到全軍覆沒的苦頭。憤而報復的羅馬，派遣近六萬人大軍，最後殲滅了塞爾特四萬大軍。在

不斷進攻下，對方於四年後無條件投降，羅馬獲勝。這是羅馬第一場傾巢而出的戰爭。

　　羅馬帝國境內在地中海往來的航路網雖然建於羅馬人之手，但在漫長的古羅馬海上貿易史中，卻是委由希臘人、敘利亞人（腓尼基人）、亞歷山大人等外國人來進行。

　　羅馬曾經誕生了凱撒、奧古斯都等多位英雄；自古以來，大家都好奇她成為世上獨一無二的長壽國家背後的成功故事，羅馬帝國歷近兩千年還仍在後世留下許多印記，故要回顧羅馬歷史，有兩個應該先知道的重點。其一是在她超過千年歷史中，逐次改變的政治體系。雖然我們現在只以「羅馬帝國」稱之，但羅馬其實是王政體制。這個位於義大利本島中心地帶的小王國，她不但統一了整個半島，還稱霸地中海，甚至成為歐洲霸主；伴隨著這樣的情勢，政治體系逐漸產生改變。

　　第二個重點是在羅馬歷史中所謂「羅馬市民權」一詞，所謂的「羅馬市民權」，就是以參政權為首的各種賦予羅馬市民的特權。雖然必須負兵役的「直接稅」，但是沒有其他直接稅，還可以享受稅制上的各種優惠措施。

　　各行省的市民多半是得到「拉丁市民權」，這些非羅馬的市民不但必須向行省繳納直接稅，還負有服兵役的義務，等於是被課了雙重的稅。就是透過對「羅馬市民權」的巧妙控制，羅馬才得以擴張領土。當時的社會有奴隸存

在，女性的地位很低。所謂的市民，應該是指具有參加政治權利的階級。

　　從羅馬帝國的歷史，就讓人感受到未來她會成為一個世界性國家，因為羅馬從一開始，就不是單靠羅馬本身所構成的。相較於對羅馬帶來莫大影響的各古希臘城邦間不斷相鬥的歷史發展，羅馬從建國時期開始，就透過與其他民族進行友好合作，而踏上以多民族國家往外擴大的成長道路。

　　筆者曾因公多次訪問羅馬，對於義大利人的熱情好客，以及計程車司機橫衝直撞的超速情景，印象深刻。印象最深的是可容納五萬人的古羅馬時代建造的競技場；海克力士神殿是羅馬現存最古老的大理石建築；許願池是以「背對它丟硬幣，丟進去就能重回羅馬」的巴洛克藝術傑作；萬神殿是羅馬遺跡中最完整的一個，同時也是全球最大的石造建築；聖彼得大教堂是天主教教會的統轄中心，聖彼得殉教之地。

　　英文諺語中，有一句是「When you are in Rome, do as the Romans do」，這相當於中文的「入境隨俗」，有意思的是，這兩個歷史悠久的古老國家，居然具有相似的諺語。

文藝復興時期的義大利

　　中古世紀的西歐是個特別的「黑暗時代」，基督教會成了當時封建社會的精神支柱，它建立了一套嚴格的等級制度，把上帝當作絕對的權威。文學、藝術、哲學的創作者一切都得遵照基督教的經典——《聖經》的教義，誰都不可違背，否則，宗教法庭就要對他制裁，甚至處以死刑。

　　中世紀的後期，資本主義的萌芽在歐洲的義大利出現。十四、十五世紀的佛羅倫斯等地，隨著工廠生產規模的不斷擴大以及生產技術的不斷進步，富裕的匠師和大工坊主成為了新興資產階級。他們需要取得與自身經濟地位相適應的社會地位，需要將資產階級的價值觀、思想文化提升為社會主流。

　　於是，資產階級將目光投向了古希臘、古羅馬時期。他們認為，那是歐洲人都引以為豪的光輝時代，是歐洲文化史上的一個高峰。那時盛極一時的古典自然科學、文學、藝術和羅馬法將可用以同天主教會作抗爭的實用的、有效的武器。

　　文藝復興的早期運動是從十三世紀開始的。十四世紀末至十五世紀上半期為文藝復興高潮的準備期。此期間人

文和文學藝術有了進一步的發展，產生了一批高水準的畫家、雕刻家和建築家。

十五世紀末至十六世紀上半期是文藝復興的盛期，文化中心城市已從佛羅倫斯轉移到了羅馬。主要代表人物是達文西、米開朗基羅和拉斐爾。他們留下的〈蒙娜麗莎〉、〈最後的晚餐〉、〈大衛〉和〈西斯汀聖母〉，以及梵蒂岡博物館內拉斐爾壁畫堪稱世界藝術畫廊珍品。

今天大多數歷史學家認為文藝復興代表了理性思考和思想的巨大變化，而不是物質上的巨大變化。人文主義是一種哲學理論和一種世界觀，是以人，尤其是個人的興趣、價值觀和尊嚴作為出發點。

現代的人文主義開始於啟蒙運動，在啟蒙運動中人文主義被看作是不依靠宗教來回答道德問題的答案。

十五世紀正經歷著文藝復興洗禮的義大利是一個經濟繁榮、文化輝煌的富庶之地，然而它在政治上卻是四分五裂。羅馬教廷、威尼斯、佛羅倫斯、那不勒斯和米蘭是五個旗鼓相當的國家，儘管規模和性質有很大差異，但大致上維持著政治勢力上的均勢。

文藝復興同時也是知識由於印刷術在藝術、詩歌、建築等領域新技術的應用而導致的知識爆炸。這些新技術引起了藝術和文學在格式上和內容上基本的變化。因此，義大利的文藝復興也常常被認為是現代的開端。

出口希特勒、進口貝多芬的奧地利

　　中歐在十至十八世紀屬神聖羅馬帝國疆域，但它在萊茵河與多瑙河以北土地，自古為日耳曼、塞爾特、斯拉夫與波西米亞等屬群生息區；古羅馬時通稱「北方蠻族」。

　　十五至十七世紀此地區曾有五十六個貴族與主教諸侯，四十多座自由城市。十七世紀以後雖歷經普魯士──德意志帝國強勢兼併。迄今仍有德、奧、瑞、捷、匈等國。此處有兩千年的分裂傳統，使其宗教人文顯得更色彩飛揚；擁有阿爾卑斯山脈主體部分的奧、瑞兩國，已被公認是「自然風景最美的國家」。

　　奧地利的首都維也納是世界著名的藝術名城。特別是古城區的巴洛克建築，與濃郁的音樂氛圍更使它有了「巴洛克之都」與「世界音樂之都」的美譽。數世紀以來，它一直是多元種族的文化信仰相互激盪融匯的地方。整片古城歷史中心已被公告為「世界文化遺產」。

　　維也納最值得一看的地方，當然是它的古老文化歷史遺跡。自羅馬時代起維也納就已經是一方重鎮。維也納作為國都有幾百年的歷史，成為當時歐洲的文化和政治中心。在二十世紀初，維也納以其二百多萬的居民成為世

界第五大都市。維也納的名人故居無數，從莫札特到舒伯特，從貝多芬到史特勞斯無一不在，而城東的城市公園裡可以看到幾乎所有知名音樂家的雕像。

著名作曲家小約翰・史特勞斯有一首很動聽的圓舞曲，名叫〈維也納森林的故事〉，這是繼〈藍色多瑙河〉之後又一部傑作。

奧地利的哈布斯堡王朝延續了六百多年，算得上是歷史上最長的王朝，維也納郊外的美泉宮歷年在維也納舉辦新年音樂會，其中的舞蹈節目都是利用美泉宮的舞廳及其園林作為陪襯的，節目既展示出舞蹈家優美的身姿，也展現了美泉宮建築園林的綺麗風光。一九九六年，美泉宮連同其花園被聯合國文教組織頒定為世界文化遺產。

薩爾斯堡是奧地利第三大城，被稱為「歐洲的音樂之都」，它是經典電影《真善美》拍攝地，薩爾斯堡有眾多音樂廳，是音樂天才莫札特出生地，他三十六歲短暫生命有三分之二在薩爾斯堡渡過。每年夏天舉行的「音樂節」使薩爾斯堡與維也納一樣贏得「音樂之都」美名。

歐洲國家大都於一九五〇年代與中華民國斷交，只有義大利、西班牙、比利時與奧地利在一九七〇年初與我斷交。其中奧地利政府對台灣最為友好，我記得一九九〇年經濟部在維也納舉行駐歐洲商務人員會議，當時我擔任半官方的「中歐貿易促進會」秘書長，應邀出席會議。

奧地利人民非常幽默，他們說奧地利出口希特勒、進口貝多芬，妙哉！

布拉格之春

　　一九八九年東歐變天後，我在中歐貿易促進會曾接待過波蘭和捷克的訪客，他們坐下來就對我說：「我們今天講中國話」，原來他們在一九五〇年代曾經在北京留學，所以國語很是流利。嗣後，他們邀請我去波蘭和捷克訪問。

　　爾後我於一九九一年訪問波蘭首都華沙，斯時，華沙市區仍有一半是殘壁廢墟，可見當年德軍對波蘭轟炸之慘烈。我在拜會波蘭政府經貿官員時，發現很多是英、美兩國成長及受教育的青壯高級知識分子，在祖國需要他們的時候，他們返國參加重建，令我敬佩之至。當時我也曾在市區餐廳午餐，只有湯和麵包供應，他們的衣服穿著雖然陳舊，然而都燙得畢挺，讓人覺得波蘭人是一個有骨氣的民族。

　　接著我就去捷克首府布拉格訪問，第二次大戰爆發後，捷克即向德國投降，因此捷克未曾受到德軍的轟炸，保持了她山河的美麗及古蹟的完整。

　　捷克首都布拉格是一個美麗的城市，著名的查理大橋兩端沿著馬路都是出售紀念品的小店，以及街頭畫家，充滿了藝術氣氛。橋下的優爾塔瓦河流著清澈的河水，更令

人感到詩情畫意。

我還記得一九六八年的「布拉格之春」，華沙公約組織佔領布拉格完全是「入侵干涉」。一九八九年十一月十七日開始的「天鵝絨革命」，剛剛出獄的哈維爾站在著名的「歐羅巴大旅社」對面的陽台上，向廣場上湧入的三十多萬捷克人民發出號召，支援他們和平抗議、爭取自由。那時，廣場上人山人海，萬人空巷。整個運動雖有不少學生被軍警打傷，但抗議者一直保持理性的和平方式，沒有死一個人，沒有焚毀一座建築。統治捷克四十年的共黨集權政府終於在民意的壓力之下徹底低頭，放棄權力，舉行民選，眾望所歸的哈維爾當選總統。

離開布拉格前的那個傍晚，我曾沿著優爾泰瓦河岸漫步走上查理大橋，對面山上的皇宮在地光燈的照射下顯得更加莊嚴輝煌，那是我所見到過歐洲最古老的皇宮，它建於西元九世紀。

布拉格又是歐洲的文化重鎮之一，位於老城廣場附近的查理大學建於一三四八年，是中歐最古老的高等學府。歷史上，布拉格曾是許多音樂、文學名家的居住地，如作曲家莫札特、德弗札克、斯美塔那，作家卡夫卡、昆德拉等人。市內有大量的歌劇院、音樂廳、博物館、美術館、圖書館等文化設施。

捷克於每年五月舉辦「布拉格之春」音樂會，我還

記得去布拉格訪問時，有機會去音樂廳聆聽布拉格交響樂隊演奏斯美塔那著名的〈我的祖國〉交響曲，令我感動不已。

當我回望歷史時，我想到巴黎歷經戰亂，但法國政府寧願放棄巴黎也不打巴黎保衛戰，以避免巴黎文物及古老建築遭受損傷，更感人的是希特勒在德國戰敗前夕，曾訓令駐巴黎德軍指揮官將塞納河上所有的橋梁炸毀，但當時德軍指揮官，違抗命令，沒有執行。同樣的例子是在一九四九年共軍包圍北京時，未曾轟擊北京市區，爾後國軍指揮官傅作義將軍也情願蒙受投降共軍的汙名，而不願打這一仗北京保衛戰，而使北京的文物古蹟遭受損害。

因此，他們都是偉大的人物，歷史是諷刺的！

丹麥、瑞典與挪威之旅

　　一九八〇年初，交通部觀光局老長官曹嶽維先生，時任社團法人「中歐貿易促進會」秘書長，邀我出任該會副秘書長。當時，我常須接待歐洲訪客——主持簡報，介紹台灣與歐洲各國的雙邊貿易資料。因此，外賓常會提出有關台灣於政治上遭受孤立之際，經濟與貿易在亞洲異軍突起成為亞洲四小龍之首，特別感到興趣，常與我作深入討論。他們返國後均會邀我前往訪問，並安排拜會政府經貿官員及企業界領袖。

　　筆者在一九八〇年十月間，開始了第一次歐洲之旅，目的地是丹麥、瑞典與挪威三國，第一站是丹麥首都哥本哈根。當時經濟部派駐丹麥的代表是經濟部商業司老友李顯兄，由他安排訪問丹麥工業總會和跨國企業。接著由李顯兄陪同繼續訪問瑞典和挪威的對外貿易機構、銀行和企業集團，向他們介紹台灣的經貿發展現況，和政府吸引外人投資、包括五年免稅的優惠政策。有時我也應邀向工商界演講，介紹台灣經濟發展過程，台灣的對外貿易政策，以及吸收外資在台投資生產事業的優惠措施。

　　嗣後，我常去北歐國家訪問，有機會拜訪主管對外

貿易的司長級官員，向他們呼籲早日在台設置貿易代表機構，促進雙邊貿易。其中瑞典與台灣的經貿發展最為快速，我於一九九○年升任「中歐貿易促進會」秘書長後，曾與瑞典企業界共同主持了第一次「中瑞（典）經濟合作會議」，筆者擔任中方主席。

北歐三國人民樸實，英文流利，並因當地畫短夜長，故一部分抗壓力較差的人會有冬日憂鬱症。最令我敬佩的是他們的社會福利優於其他歐洲國家，許多公民營事業都提供豐富的免費午餐。因此，單身員工都在中午飽餐一頓後，晚餐進食三明治即可。惟一遺憾的是冬日下午四時開始天色轉黑，許多人都患上冬日憂鬱症，故北歐人自殺率高於其他國家。

有一年夏季我訪問挪威時，那年夏天特熱，故年輕少女都穿短袖襯衫及短褲，我在一次研討會上發言時先表示，多年來我第一次看到挪威女孩穿短衣及短褲，皮膚雪白，非常性感，引得在場人員大笑。爾後兩位銀行家邀請我在海邊的露天餐廳晚宴，我們從下午六點開始喝飯前酒聊天，八時晚餐，爾後再飲飯後酒，直至十點始返旅館。此時夕陽仍在海面上像一個大火球一般燦爛耀目，真正是美極了。

歐盟簡介

二〇一六年六月二十三日英國舉行公投，結果決定脫離歐盟（二十八個歐洲國家），引發全球股市暴跌，英鎊隨之暴跌，首相卡麥隆也為此辭職下台。

這次公投也暴露英國大都會菁英與其他地方人民之間的分裂，貧富分歧已跨越政黨分裂。擁有大學學歷、住在大城市、文化多元、包容移民的人傾向支持留歐；教育程度較低、住在鄉下較窮地區的人傾向支持脫歐；四十五歲以上，特別是領退休金的人強力支持脫歐，年輕人強烈支持留歐。

今天的歐盟是由半個世紀以前創建的歐洲煤鋼共同體演變而成。一九五〇年五月九日，法國外長舒曼在他發起成立「歐媒鋼共同體」的宣言中斷言：「這將使法國與德國的任何戰爭，變得不僅難以想像，而且事實上也不可能。」

第二次世界大戰（一九三九至一九四五年）幾乎給所有歐洲國家都帶來了極為重大的災難，因此尋找持久和平共處的途徑是首要的政治目標，而新的共同體正是為此構建的。歐洲媒鋼共同體創始之初，共有法國、德國、比利

時、義大利、盧森堡與荷蘭等六個國家參加。半個世紀以來，這一體系為保持和平提供了一種架構，被看成是未來穩定的一種保證，因此決定實行單一貨幣來強化共同體。

一九五八年，六個創始國再度邁進經濟一體化的道路，創始了歐洲經濟共同體（EEC）。此時，共同市場的構想已延伸至六國之間的所有貿易活動中，使它們走上了經濟一體化的坦途。

由於法國的堅持，歐洲經濟共同體施行統一的對外關稅，從而能夠以平等的地位與美國進行貿易談判，這說明了共同體的潛力。因為一旦共同體擁有執行對外政策的共同手段，它就可以在國際秩序中恢復重要作用。

未曾遭受二次大戰戰敗打擊的英國人不贊同歐洲民族國家體制必須徹底改革，因而在二十世紀五〇年代與歐洲共同體保持距離，但是最終英國還是在一九七三年加入歐洲經濟共同體（EEC）。

一九五八年生效的《羅馬條約》是建成今日歐盟這一漫長和錯綜複雜的過程的重要基石。《羅馬條約》包括兩個條約——《歐洲經濟共同體條約》與《歐洲原子能共同體條約》，但前者比後者重要得多，所以通常稱為《羅馬條約》。

歐洲經濟共同體條約進一步於一九六八年七月建立關稅同盟。關稅同盟的巨大影響不僅見於共同體內部，

也反映在共同體的對外關係上。憑藉共同對外關稅這一手段，共同體正式成為在貿易領域可與美國並駕齊驅的「強國」。當時美國甘迺迪總統曾建議大幅削減關稅達三分之一，由此開闢了一個新的時代，共同體從此成為推動國際貿易自由化的主要力量。

一九八五年初，歐洲共同體委員會德洛爾主席訪問了每個成員國，提出了三個計劃：單一市場、單一貨幣和體制改革。由於歐洲經濟在艱難的七〇年代失去了增長勢頭，所以所有國家政府都接受單一市場方案，將之看成打破所謂的「歐洲僵化症」的途徑。此計劃得到了那些更有活力的企業與主要行業協會的支持。

《歐洲經濟共同體條約》所構成的共同市場，事實上就是一個單一內部市場。條約明確規定了廢除關稅與配額的計劃，並成功地完成任務。但對於消除非關稅壁壘所要求的大多數立法，條約規定要在歐洲理事會中獲得全體一致的表決，結果是在消除關稅壁壘上長期了無進展，而二十世紀七〇年代貿易保護主義壓力的再度高漲，加上現代經濟的日益複雜化，使此壁壘成為貿易的嚴重障礙。

共同體在一九八〇年代再次擴大，於一九八一年接納希臘加入，一九八六年接納西班牙與葡萄牙加入。

一九八九年，形勢發生了天翻地覆的變化，蘇聯集團的解體使共同體向東擴張成為可能，奧地利、芬蘭與瑞典

於一九九五年一月加入歐盟。

　　擺脫了蘇聯控制的十個中東歐國家亦尋求加入歐盟。到一九九七年，歐盟認為它們之中有五個國家已經取得足夠的進展，可以在次年開始進行加入談判。與另五個國家的談判則於二○○○年一月開始。第一批國家包括捷克、愛沙尼亞、匈牙利、波蘭、斯洛維尼亞、塞浦路斯；第二批國家包括保加利亞、拉脫維亞、立陶宛、羅馬尼亞、斯洛伐克以及馬爾他。

　　筆者於任職半官方機構「中歐貿易促進會」副秘書長及秘書長期間（一九八○至一九九三年），兼任經濟部國貿局顧問。當年歐盟與我無外交關係，因此歐盟與我舉行貿易談判不能在歐盟所在地比利時首都布魯塞爾舉辦。我記得有一次隨同江丙坤局長在泰國首都曼谷一所旅館舉行，爾後在一九九二年因我國經濟突飛猛進，談判的範圍擴及農、工、商，及智慧財產權問題，歐盟代表團必須飛來台北國貿局大會議室舉行，當時我方代表為經濟部國際貿易局許柯生局長，歐盟代表為歐盟執委會對外關係署Hugo Palman副署長。

　　最後，我要引以為傲第大聲宣稱：「歐盟二十八國已於二○一一年給予中華民國台灣人民免簽證入境的優惠待遇。」

【附錄】詩人歌者巴布・狄倫

　　二〇一六年諾貝爾文學獎頒給一九六〇年代著名搖滾歌手巴布・狄倫，令許多人跌破眼鏡。但是狄倫不僅是一個名字閃亮的歌者，而毫無疑問是流行音樂史上最重要的、二十世紀文化史上的一個巨人。

　　首先，狄倫改變了搖滾樂，他作為一個民謠歌手，翻轉了民謠的語言與想像，讓民謠從底層人民的悲苦或五〇年代後的流行美聲唱法轉化成一種真正深刻的藝術。

　　其次，狄倫是六〇年代這個二十世紀最瘋狂迷人的年代的精神代表。他雖然只寫了幾年的所謂「抗議歌曲」，但這些歌曲卻展現一整個青年反文化世代的困惑與吶喊。然後他在六〇年代中期的轉型，預示了六〇年代後半期終於降臨的暴風雨。

　　再者，他為世人示範了一個搖滾傳奇，如何可以優雅地老去。太多的巨星與傳奇在功成名就後，在蒼老之後，就不再具有創造力，而是靠著懷舊金曲淘金。但不服老的狄倫卻一再推出與以往不同的優秀作品，一再探索音樂的可能性。

　　狄倫深深影響了台灣在七〇年代的民歌，而這些民歌

又影響了整個華語世界的流行歌曲，胡德夫、李雙澤、林懷民他們在六〇年代末、七〇年代初聽到狄倫，而那正也是一代台灣從高度蛻變中開始解放出來的年代，而狄倫的音樂彷彿洞口外的光，讓他們開始認識民歌，認識音樂與社會的關係，認識那個不一樣的外在世界。

因此，聆聽狄倫，反思迪倫的影響，就是思考我們自己的音樂歷史，思考我們的未來——當我們像一塊滾石奮力往前滾動時，別澈底遺忘回家的方向。

（參考資料：《印刻文學生活誌》第七卷第八期張鐵志所著〈狄倫如何改變了搖滾？〉，2011年4月。）

【讀後感】上山會打柴，下田能插秧

劉瑛

　　我的老長官，楊西崑先生，一口英國英語；蔡維屏博士，一口美國英語。我，從中學開始學英語，我的英語老師們，別說留洋，他們連英國人、美國人都沒見過。他們教我的英語，既非英國語，也非美國語，而是道道地地的山寨牌「中國英語」（chinglish）。所以，直到今天為止，雖然我曾苦練過，但只要我一張口，內行人便知道只是中國人在說英語。

　　我的一個甲子多的老友仉家彪兄，十幾歲到英國接受海軍訓練，學會了一口正宗英國英語。二十多歲到美國接受兩棲訓練，又學會了一口美國英語。所以，他和美國友人在一起，說美語；和英國人或其他外國人在一起，說英語，我好羨慕。

　　家彪兄不但英語說得好，英文也寫得好，孫運璿先生任經濟部長時，特地挖角把他找去作英文秘書。

　　我從事外交工作四十年，民國三十八年進台大讀書時，同學們大都操日語，為了要和他們溝通，我追隨曹欽源教授，選了他的日文課，讀了三年日文，但離開學校

後便再沒機會用過。第一次外放非洲法語國家，講了兩年法語。然後到英語國家南斐，南斐法國新聞處那位女士笑我：「劉先生，怎麼您說一口非洲法語？」四十歲後，我又在中美洲的尼加拉瓜、瓜地馬拉和宏都拉斯待了三年，說了三年西班牙語。但我打交道最久的是中東國家，卻不懂阿拉伯文，在泰國五年，泰文也是一字不識。人生精力有限，學外文，專精一種就好。學多了，樣樣稀鬆，不如不學的好。家彪兄能專，所以能精。

家彪兄在海軍曾參加八二三金門砲戰，都能謹守崗位，完成任務。到經濟部，國貿局，搞經貿。到外交部駐美大使館搞外交，也都能盡情發揮。甚至中美斷交，行政院院長孫運璿先生還特別借重他的才華，命他到華府協助外交部政務次長楊西崑先生處理兩國斷交後的善後工作。總之，長官交給他的任務，他不但勝任，而且都能作得有聲有色，盡善盡美。

家彪兄的文章，不論中英文，都簡潔有力。本書的長處，便是篇篇精彩，篇篇簡潔，字數不多，卻都能引人入勝。

我民國三十八年隻身隨軍醫院來台，同年考上台灣大學讀政治系，靠爬格子賺生活費。寫小說，尤其是寫武俠小說，總是盡可能多寫幾個字。因為，稿費是按字計酬的，一個主詞，例如：

夏卡王的最美麗的三公主。

若要我寫，我會寫成：

> 話說諸魯王國暴君夏卡的第三個女兒，從小就美麗可愛，甚得夏卡的疼愛。長大成亭亭玉立的少女後，更是美豔絕倫。一顰一笑，都極有魅力。

硬是拉長了好幾倍，因為，字較多，可多拿稿費呢。常言道：「簡潔（Brevity）是文章的靈魂。」家彪兄作到了，我就是作不到！

退休後，家彪兄又曾應邀到大陸各大學院校演說「台灣經濟發展過程」、「世界各國經貿的歷程」、「亞洲四小龍的崛起」等，腳跡遍及北京、上海和四川、江蘇等十一個省，處處贏得熱烈的掌聲。而且是無酬的奉獻，甚令人感動。

這本書中更有許多珍貴的史料，感人的故事。總之，這是一本非常值得一讀的好書，讀了，不但能增長見聞，還可磨練寫作呢。

血歷史73　PG1698

新銳文創
INDEPENDENT & UNIQUE

關鍵外交年代
——孫運璿英文顧問的外交進擊

作　　者	仉家彪
責任編輯	辛秉學
圖文排版	周政緯
封面設計	葉力安

出版策劃	新銳文創
發 行 人	宋政坤
法律顧問	毛國樑　律師
製作發行	秀威資訊科技股份有限公司
	114 台北市內湖區瑞光路76巷65號1樓
	電話：+886-2-2796-3638　傳真：+886-2-2796-1377
	服務信箱：service@showwe.com.tw
	http://www.showwe.com.tw
郵政劃撥	19563868　戶名：秀威資訊科技股份有限公司
展售門市	國家書店【松江門市】
	104 台北市中山區松江路209號1樓
	電話：+886-2-2518-0207　傳真：+886-2-2518-0778
網路訂購	秀威網路書店：http://www.bodbooks.com.tw
	國家網路書店：http://www.govbooks.com.tw

出版日期	2017年2月　BOD一版
定　　價	200元

國家圖書館出版品預行編目

關鍵外交年代：孫運璿英文顧問的外交進擊 /
仉家彪著. -- 一版. -- 臺北市：新銳文創,
2017.02
　　面；　公分
　　BOD版
　　ISBN 978-986-5716-86-8(平裝)

1. 仉家彪　2. 回憶錄　3. 中華民國外交

783.3886　　　　　　　　　　105025615

讀者回函卡

感謝您購買本書，為提升服務品質，請填妥以下資料，將讀者回函卡直接寄回或傳真本公司，收到您的寶貴意見後，我們會收藏記錄及檢討，謝謝！

如您需要了解本公司最新出版書目、購書優惠或企劃活動，歡迎您上網查詢或下載相關資料：http:// www.showwe.com.tw

您購買的書名：_____

出生日期：_____年_____月_____日

學歷：□高中 (含) 以下　　□大專　　□研究所 (含) 以上

職業：□製造業　□金融業　□資訊業　□軍警　□傳播業　□自由業
　　　□服務業　□公務員　□教職　　□學生　□家管　　□其它_____

購書地點：□網路書店　□實體書店　□書展　□郵購　□贈閱　□其他

您從何得知本書的消息？

　□網路書店　□實體書店　□網路搜尋　□電子報　□書訊　□雜誌
　□傳播媒體　□親友推薦　□網站推薦　□部落格　□其他_____

您對本書的評價：(請填代號　1.非常滿意　2.滿意　3.尚可　4.再改進)

　封面設計____　版面編排____　內容____　文／譯筆____　價格____

讀完書後您覺得：

　□很有收穫　□有收穫　□收穫不多　□沒收穫

對我們的建議：_____

_____

_____

_____

11466

台北市内湖區瑞光路 76 巷 65 號 1 樓

秀威資訊科技股份有限公司 收

BOD 數位出版事業部

．．．

（請沿線對折寄回，謝謝！）

姓　　名：＿＿＿＿＿＿＿＿＿　年齡：＿＿＿＿　性別：□女　□男

郵遞區號：□□□□□

地　　址：＿＿＿＿＿＿＿＿＿＿＿＿＿＿＿＿＿＿＿＿＿＿＿

聯絡電話：(日) ＿＿＿＿＿＿＿＿＿＿　(夜) ＿＿＿＿＿＿＿＿＿＿

E-mail：＿＿＿＿＿＿＿＿＿＿＿＿＿＿＿＿＿＿＿＿＿＿＿